大堀哲 監修
博物館学シリーズ1

改訂
博物館概論

［編集］鈴木眞理
　　　　占部浩一郎
　　　　大堀　哲
　　　　貝塚　健
　　　　久保内加菜
　　　　柘植信行
　　　　濱田隆士
　　　　南　博史
　　　　山本珠美
　　　　　共著

樹村房
JUSONBO

企画・監修の序

　本「博物館学シリーズ」は，生涯学習社会の要請に応える博物館活動を担う専門職，学芸員養成のためのテキストとして企画されたものである。

　開国の幕末，欧米各国に派遣された使節団や留学生が，各地で博物館施設等を見て回り，大英博物館 British Museum などを見学したときの様子が記録された。そのことによって Museum という施設のおおよその概念が把握されるに伴い，わが国にもそのような施設の必要性が考えられるようになったのである。

　それからおよそ90年を経て，第二次世界大戦後の昭和26年12月1日，わが国初の「博物館法」が成立した。

　戦後の混乱と民主化の中で，「博物館法」が成立して以来，博物館をとりまく社会状況も大きく変貌し，博物館数の急増と施設設備の充実には目を見張るものがあり，利用者も急増して，博物館は次第に社会に根を張っていった。しかし，なお社会の期待に十分に応えうる満足な状況には至っていない。

　一方，博物館学の研究も進み，研究者の活動も，学芸員を中心とした博物館の活動そのものも活発化したが，学問としての博物館学はまだまだ発展途上にある。

　近年，わが国では急速に情報化，国際化，高齢化が進み，それに伴って生涯学習が重視されるようになったが，博物館はその生涯学習推進の拠点として，多様化，高度化する人々の学習ニーズの高まりに応えうる活動が求められるようになった。今日，そうした博物館の活動に対応しうる有能な専門職，学芸員の養成が社会的急務となっている。

　わが国の学芸員の養成は，「博物館法」および「同法施行規則」に基づいて，基本的に大学において行われてきたが，近年，学芸員を目指す学生が増加しており，学芸員を養成し資格を付与する大学も急増している。

　しかし，大学における学芸員の養成内容の制度的な見直しは，昭和30年以降行われておらず，養成内容の改善・充実が求められていたが，文部省は，生涯

学習審議会社会教育分科審議会報告（平成8年4月）をうけて，平成9年3月，学芸員養成の内容を改正した。その内容は，生涯学習社会が進展する中で，高度化・専門化する学芸員の業務を的確に遂行できるように，博物館に関する基礎的な知識に加え，博物館経営，博物館における教育普及活動，資料の収集，保管，調査研究，展示・教育，博物館情報と活用などに関する知識・技術の習得を図るものとなっている。

　本シリーズでは，これらのことを踏まえ，文部省令の科目ごとの「ねらい」と「内容」を尊重して企画しており，本書で学ぶことにより，生涯学習社会における人々の多様な学習ニーズを把握し，学習活動を効果的に援助する有能な社会教育指導者として活躍できる学芸員を養成することを目的としている。

　本シリーズの執筆スタッフは，大学における博物館学研究・教育担当者，先導的に活動している気鋭の学芸員，社会教育施設活動の研究者等で構成されている。各巻は編集責任者を中心に，執筆者相互に議論をしながら調整し，最終的には大堀が責任をもって監修することとした。

　この方針を，樹村房社長・木村繁氏に快諾いただけたことは幸いであった。
　なお，第1巻『博物館概論』には，東京大学名誉教授で神奈川県立生命の星・地球博物館長の濱田隆士先生に，特論として玉稿を賜った。深甚なる謝意を表します。

　最後に，樹村房で直接編集を担当された大塚栄一氏には各巻ごとにはもちろん，私との数十回に及ぶ内容の調整等に大変なお世話や適切なご助言を頂いた。心からお礼を申し上げたい。

　1999年7月

　　　　　　　　　　　　　　　　　　　　　　企画・監修者　　大堀　　哲

改訂にあたって

　『博物館概論』が刊行され，すでに4年半が経過した。大学における学芸員資格取得用の教科書として使われることを想定して編集したものの，単位を取るためだけの教科書で，試験が終われば教室に置き去られたり，良くて古書店行き，悪くするとゴミとして社会的にも厄介もの扱いになる本になってほしくはなかった。「執筆者それぞれからのメッセージを含んだ『論文集』という性格ももちたい」と考え，誰が何時書いても同じ，ではない教科書をめざしての作業だった。もちろん，そのために，調整しなければいけないことや種々の問題も生じ，関係の方々には，さまざまなご苦労をおかけした。

　どのように受け入れられるか心配したが，幸いなことに，『博物館概論』は，教科書として多くの教員の方々に採用していただき，おそらく多くの学生が読んでくれたようである。単なる使い捨ての教科書にしなくてよかったと思う。

　一昨年頃から改訂版作成の話が出て，できなかったこと・不十分だったと反省した点，時間の経過と共に修正が必要になった点，を中心にした改訂が考えられた。時間的制約もあって，完璧であるとまではいえないが，構成なども若干変更し，執筆者が，それぞれの責任と見識で改訂作業を行った結果として，この本が刊行される運びとなった。さまざまな教科書も続々刊行されているが，各執筆者をはじめ，編者としても，類書より少しは魅力的なはずだと考えている。博物館の関係者，ご関心をお持ちの方にも，是非お読みいただきたい。

　編集担当・大塚栄一さんにもあらためて感謝申し上げたい。

　2004年3月

編集責任者　鈴木眞理

［本書の執筆分担］（分担順）

大堀　　哲：第1章　　　柘植　信行：第6章
久保内加菜：第2章　　　鈴木　眞理：第8章
占部浩一郎：第3章　　　貝塚　　健：特論1
南　　博史：第4章　　　濱田　隆士：特論2
山本　珠美：第5・7・9章

は　じ　め　に（初版）

　この本は、「博物館学シリーズ」の第1巻として刊行され、シリーズの総論的な位置づけが与えられているということになる。博物館学といわれるものは確立されたものであるとはいえないが、その創造へ向けた試みとしてこのシリーズが意味あるものになるといいと考えている。

　『博物館学概論』ではなく『博物館概論』というタイトルは、この本が学問の体系化を図るという大それたことを試みるのではなく、博物館を考える際のきっかけをいくつかの側面から読者に提示していくことをねらっているからである。もちろん、このシリーズは監修者によって学芸員資格取得のための講義科目「博物館学」履修の際のテキストとして企画されたものである。しかし、少なくともこの巻は、単なる「教科書」として表面的な知識を増やしたりするためだけに利用されることを編集責任者としては願わない。執筆者それぞれからのメッセージを含んだ「論文集」という性格ももちたいと考えていた。この本から、博物館についての新たな認識が生まれてくることを期待している。

　第1章では、監修者自らの博物館観ないしは博物館学観が示されていると思える。第2章以降で、博物館の諸側面が、歴史、制度、人的側面、生涯学習との関係、利用者、地域社会との関係、全体社会との関係等で記述される。それぞれの章でややスタイルが異なるが、執筆者の博物館との関わり方を基礎にして、議論の前提となる事実や先行研究などを押さえながら、なんらかのメッセージを読者に送りたいと考えて記述されている。また、読者の便宜を考え博物館研究の案内についての特論を設け、さらには博物館の未来についての特論の寄稿をお願いすることができた。

　この構成、あるいは章のタイトルは類書とは異なるものであろう。それは、博物館をその内部、あるいは資料とその関連学問からのみとらえようとするのではなく、社会的な存在として、博物館の外部との関連でもとらえることの必要性を感じるからである。

　博物館が社会的に注目されて久しい。ただ、さまざまな思惑をもって博物館を手段として利用する動きがあることもまた事実であろう。博物館は利用者のためのものであって、その周辺の人間が個人的満足や栄達を求める場所でもなく、なんらかの組織等の従属物としてのシンボリックな存在として期待されたり勢力拡張の拠点とされるべきものでもない。その単純なことが忘れられているような状況もあると思える。そのような中で、博物館についての理解がより豊かなものになっていくことにこの本が資すれば幸いである。博物館学を学ぶ学生のみならず、関係者にもぜひお読みいただきたいものである。

　樹村房社長の木村繁さんと編集担当の大塚栄一さんには、思わぬ出来事の多かった編集の過程を振り返りつつ、感謝の言葉を贈りたい。

　1999年7月

　　　　　　　　　　　　　　　　　　　　　　　　編集責任者　鈴木眞理

も く じ

企画・監修の序

改訂にあたって

はじめに（初版）

第1章　博物館とはなにか……………………………………1
1. 博物館と博物館学……………………………………………1
2. 博物館の基本的機能…………………………………………5
   (1) 資料の収集………………………………………………6
   (2) 資料の保管………………………………………………7
   (3) 資料の調査研究…………………………………………8
   (4) 資料の展示・教育………………………………………9
3. 博物館にはどのような分類の仕方があるか………………12
4. 特色ある博物館の設立………………………………………13
5. 博物館の運営（マネジメント）……………………………15
   (1) 利用者満足の創出と学芸員……………………………15
   (2) 展示の内容・方法の改善………………………………16
   (3) 教育普及事業の充実……………………………………17
6. 博物館の新たな役割…………………………………………17
7. コミュニティの創造と博物館………………………………18

第2章　博物館の生成と発展…………………………………20
1. 「博物館」前史………………………………………………20
   (1) 「博物館」の起源………………………………………20
   (2) 中世から大航海時代のコレクション…………………22
   (3) 科学の発展と蒐集家の台頭……………………………24
2. 近代における公共博物館の誕生……………………………25

　　　　(1) 大英博物館，ルーヴル美術館の設立と拡張……………25
　　　　(2) 博覧会と博物館……………………………………………27
　　　　(3) 博物館を支える法制度，協力機関………………………29
　　3.「大衆」登場と博物館……………………………………………31
　　　　(1) アメリカにおける博物館の発達…………………………31
　　　　(2) 博物館と教育普及活動……………………………………32
　　4. わが国における博物館の発達……………………………………34
　　　　(1) わが国における博物館の誕生……………………………34
　　　　(2) 教育，娯楽と博物館………………………………………36
　　　　(3) 現代の博物館………………………………………………38

第3章　博物館を支えるしくみ………………………………………40
　　1. 博物館をめぐる諸制度……………………………………………40
　　　　(1) 博物館関係法令……………………………………………40
　　　　(2) 博物館の区分と設置主体…………………………………43
　　　　(3) 国立・公立博物館の設置法令……………………………45
　　　　(4) 博物館関連の予算…………………………………………46
　　　　(5) 私立博物館の財政基盤の強化……………………………48
　　　　(6) 審議会の答申・報告………………………………………49
　　　　(7) 博物館関連団体……………………………………………51
　　2. 博物館法の枠組み…………………………………………………52
　　　　(1) 博物館法の概要……………………………………………52
　　　　(2) 博物館法施行規則等………………………………………59
　　　　(3) 公立博物館の設置運営基準………………………………60
　　　　(4) その他の規程………………………………………………62
　　3. 国際的な勧告等……………………………………………………63

第4章　博物館を支える人々……………………………………………65
　　1. 博物館と人…………………………………………………………65

　　　　(1)　誰が博物館を支えているか……………………………………65
　　　　(2)　博物館と「博物館を支える人々」……………………………66
　　2.　館員の活動と役割………………………………………………68
　　　　(1)　活動と役割……………………………………………………68
　　　　(2)　博物館運営……………………………………………………70
　　　　(3)　館員をどう組織するか………………………………………70
　　3.　博物館を機能させる……………………………………………72
　　　　(1)　博物館を機能させる…………………………………………72
　　　　(2)　入館者と接する………………………………………………78
　　　　(3)　建物を維持する………………………………………………82
　　4.　人が博物館を支える……………………………………………84

第5章　社会的存在としての博物館……………………………86
　　1.　博物館の現状……………………………………………………86
　　　　(1)　博物館の社会的位置づけ……………………………………86
　　　　(2)　孤立的，閉鎖的な博物館……………………………………88
　　　　(3)　博物館と経営…………………………………………………89
　　2.　知識創造する博物館：博物館と市民との関係を探る………90
　　　　(1)　知識創造博物館………………………………………………90
　　　　(2)　博物館における知識創造プロセス…………………………92
　　　　(3)　博物館が保有する知識・情報へのアクセス………………93
　　3.　博物館の政治性…………………………………………………94
　　　　(1)　博物館と利害関係者（ステークホルダー）………………94
　　　　(2)　"今，ここ" に関わる博物館となるために ………………97

第6章　地域施設としての博物館………………………………98
　　1.　地域博物館の現在………………………………………………98
　　　　(1)　博物館にとって地域とは……………………………………98
　　　　(2)　地域博物館の展開 …………………………………………104

2. 博物館と歴史意識の形成 …………………………………………111
    (1) 地域の人々の営みと博物館 ……………………………111
    (2) 地域史研究と博物館 ……………………………………112
3. 博物館と地域形成 …………………………………………………115
    (1) 地域・文化財・生活環境と博物館 ……………………115
    (2) 地域振興と博物館 ………………………………………117

第7章　博物館の利用 …………………………………………………120
1. 来館者と利用者 ……………………………………………………120
2. 博物館利用者の分類 ………………………………………………121
3. 博物館利用形態の分類 ……………………………………………122
    (1) 来館者（入館者）としての利用 ………………………122
    (2) 実習・研修の機会として利用 …………………………127
    (3) ボランティアとして利用 ………………………………127
    (4) 出品者としての利用 ……………………………………130
    (5) 共同活動者としての利用 ………………………………131
    (6) 電子博物館などの利用 …………………………………133
    (7) 博物館外活動（アウトリーチ），資料貸出しなどの利用 ……………………………………………………134
    (8) 「評価者」としての利用者 ……………………………135
4. 博物館利用形態の多様化 …………………………………………135
5. 利用者とともに育む博物館 ………………………………………137

第8章　博物館と生涯学習 ……………………………………………139
1. 生涯学習とはなにか ………………………………………………139
2. 生涯学習支援のしくみ ……………………………………………142
3. 生涯学習支援と施設 ………………………………………………144
4. 生涯学習の支援と博物館 …………………………………………147
5. 博物館の生涯学習支援機能 ………………………………………149

第 9 章　博物館研究への誘い……………………………………152
1. 博物館，そこは探求の宝庫 ……………………………………152
   (1) 不思議の殿堂：小説に描かれた博物館 …………………152
   (2) 何のために，何を，どのように展示するのか：
       博物館を研究するということ ……………………………156
2. 博物館に行ってみよう …………………………………………159
3. 基本文献（和書）………………………………………………161
   (1) 教科書 ……………………………………………………161
   (2) 基本資料（事典，統計，法令，史料等）………………162
   (3) 雑誌，年報，紀要等 ……………………………………163
   (4) その他 ……………………………………………………164
4. 英語文献 …………………………………………………………165
   (1) 出版情報を知る …………………………………………165
   (2) 雑誌等 ……………………………………………………165
   (3) 文献目録の活用 …………………………………………166
   (4) インターネットからデータベースにアクセスする ……167

特論 1　博物館の「公共性」を考える：博物館とはなにか・私論 …168
1. プロローグ：ある架空の物語 …………………………………168
2. 慎ましく課題に向かうために …………………………………169
3. 博物館の公共性の論理 …………………………………………171
   (1) 市場の失敗 ………………………………………………171
   (2) 正の外部性 ………………………………………………172
   (3) 必要な初期投資の大きさ ………………………………172
   (4) 再配分の必要性 …………………………………………172
   (5) 内在的な公共性 …………………………………………173
4. 「公共性」への異議申し立て……………………………………174
5. 開かれた博物館へ ………………………………………………175

　　　　(1) 可塑的な組織体であること ……………………………175
　　　　(2) 市民の参画 ……………………………………………176
　　　　(3) 新たな価値生成の場となること ……………………176
　　6. エピローグ ……………………………………………………177

特論2　21世紀博物館界を読む ……………………………………178
　　1. 2000年代初頭は一大転換期に ………………………………178
　　　　(1) 輸入文化的性格からの脱皮 …………………………178
　　　　(2) ニューツールズがテストされる時代 ………………179
　　2. 次世代型博物館園への志向と試行 …………………………180
　　　　(1) 官制博物館園の役割 …………………………………180
　　　　(2) ユニバーサル化発想が原点に ………………………181
　　3. 地域文化高揚とグローバル思考との共存へ ………………182
　　　　(1) 学芸員の立場と博物館マネジメント ………………182
　　　　(2) 生活文化の再認識と博物館 …………………………183
　　4. 楽修による地球環境認識の涵養と無理のない国土意識の獲得 …185
　　　　(1) 高度情報化社会での博物館の役割 …………………185
　　　　(2) 国土意識の正しい体得 ………………………………187

参考文献 ………………………………………………………………190
さくいん ………………………………………………………………191

第1章
博物館とはなにか

　近年，博物館は文化産業のみならず，観光やレジャー産業のなかで急成長し，経済的にも重要な役割を果たすようになっている。このように博物館に多くの眼が向けられるようになった背景には，急速に社会が変化し，それに対抗すべく過去のなにかを保存したり，記録にとどめたいという，いわば変化へのリアクションがあること，また経済優先が環境破壊や心の貧困さなどをもたらし，それが人々の文化・自然遺産への保護意識を高めたり，文化やコミュニティづくりを改めて考えさせる契機になったことなどがあるように思われる。

　ところで，今日，博物館と言われるものには，歴史博物館，美術館，科学博物館のほか，動物園，植物園，水族館なども含まれる。これらの博物館はそれぞれの設置理念に沿って地域的あるいは国際的に資料を収集・保管し，調査研究して展示し，人々の教養に資する教育的・文化的なサービスを行い，地域社会や利用者に親しまれるように努めている。

　本章では，この博物館を概念的に理解するために，博物館とはなにか，博物館の基本的な機能，博物館の役割，その運営のあり方などについて述べ，その中で博物館で活動する学芸員の仕事についてもふれることとする。

1. 博物館と博物館学

　かつて「博物館行き」という言葉があった。この言葉は「役に立たなくなったモノ」ないしは「古くなって役に立たなくなったが，歴史的・文化的に意義のありそうなモノ」を意味することが多く，そのようなことから，博物館には総じて，古くさい，カビ臭い，暗い，というイメージがつきまとっていた。このように，一般には，日常の生活に有用でなくなったモノ，貴重なモノ，珍奇

なモノなどが単に陳列してあるだけの所が博物館と見られていたことも否定できない。いったい博物館とはなんだろうか，どのようなことをする所なのだろうか。いくつかある博物館の定義の中から，代表的なもの三つを取り上げてみよう。

国際博物館会議（The International Council of Museums : ICOM）**の定義**（1989）

ICOM（通称「イコム」）における「博物館の定義」は，しばしば改正されてきたが，ここで示すのは，1989年，オランダのハーグで開催された第16回総会において採択された定義（第2条）である。

　A *museum* is a non-profit making, permanent institution in the service of society and of its development, and open to the public which acquires, conserves, researches, communicates and exhibits, for the purpose of study, education and enjoyment, material evidence of people and their environment.

　博物館とは，社会とその発展に貢献し，研究・教育・楽しみの目的で人間とその環境に関する物質資料を取得，保存，研究，伝達，展示する公共の非営利常設機関である。(ICOM 日本委員会訳)

そして，以下のように続けている。

(a) 上記の博物館定義はその管理体制の性格，地域の特性，機能構造，又は収集方針によっても制限されない。

(b) 上記機関に加え次の機関を博物館とみなす。

　(i) 自然，考古学，民族学上の遺物，遺跡，史跡，及び人間とその環境に関連する物的資料を取得，保存，伝達する博物館の性格を有する場所

　(ii) 植物，動物，の生物標本を収集・展示する機関，すなわち植物園，動物園，水族館，ビバリアなど

　(iii) 科学センター及びプラネタリウム

　(iv) 図書館及び公文書センターの常設保存研究所及び展示ギャラリー

　(v) 自然保護地

(vi) 諮問委員会に意見を求めた後，執行委員会が下記のごとく考える機関
・部分的又は全体的に博物館の特性を備えている
・博物館学的研究，教育又は研修を通し博物館と博物館専門職を支持している

博物館法の定義（昭和26(1951)年12月1日　法律第285号）

　第2条　この法律において「博物館」とは，歴史，芸術，民俗，産業，自然科学等に関する資料を収集し，保管（育成*を含む。以下同じ。）し，展示して教育的配慮の下に一般公衆の利用に供し，その教養，調査研究，レクリエーション等に資するために必要な事業を行い，あわせてこれらの資料に関する調査研究をすることを目的とする機関（社会教育法による公民館及び図書館法（昭和25年法律第118号）による図書館を除く。）のうち，地方公共団体，民法第34条の法人，宗教法人又は政令で定めるその他の法人が設置するもので第2章の規定による登録を受けたものをいう。（＊育成とは，動植物の場合）

国際連合教育科学文化機関（UNESCO）の定義（1960）

　「博物館をあらゆる人に解放する最も有効な方法に関する勧告」（1960年12月，第11回ユネスコ総会採択）

　The term 'museum' shall be taken to mean any permanent establishment administered in the general interest for the purpose of preserving, studying, enhancing by various means and, in particular, exhibiting to the public for its delectation and instruction, groups of objects and specimens of cultural value: artistic, historical, scientific and technological collections, botanical and zoological gardens and aquariums.

　「博物館」とは，各種方法により，文化評価を有する一群の物品ならびに標本を維持・研究かつ充実することを特にこれらを大衆の娯楽と教育のために展示することを目的とし，全般的利益のために管理される恒久施設，即ち，美術的・歴史的・科学的及び工芸的収集，植物園，動物園ならびに水族館を意味するものとする。（ICOM日本委員会訳）

以上のうち，ICOM の定義では，図書館，公文書館の保存研究所やギャラリーなど，一般の人には博物館とは考えられていない公共施設も包含しているし，また三つそれぞれに，定義の仕方，表現にも違いがある。しかしいずれも，博物館は単なる「施設」ではなく，資料の，①収集，②保管，③調査研究，④展示・教育の機能をもち，これらの活動をすることに本質がある「機関」であることを示している。国際的に共通した博物館の定義は，これらの四つの機能が満たされているものとされている。

　次に，博物館を対象に研究する「博物館学」についてであるが，この言葉が欧米で使われだしたのが，1920年代と言われ，まだ歴史の浅い学問分野である。このことは，わが国の博物館学の始祖と言われる棚橋源太郎が著した『博物館学綱要』(理想社，1950) において，「欧米諸国に於いては数十年前から Museumology, Museumskunde（博物館学）の語が使用されている」と述べていることからうかがわれるのである。

　いったい「博物館学」とはどのような学問なのか，ここでは，棚橋以後に展開されたわが国のおもな定義をもとに考えてみる。

鶴田總一郎の定義

　　博物館学とは，一言に尽くせば，博物館の目的とそれを達成する方法について研究し，あわせて博物館の正しい発達に寄与することを目的とする科学である。(「博物館学総論」(社) 日本博物館協会編『博物館学入門』理想社　1956　p.10)

倉田公裕の定義

　　博物館学を一言にいえば，「博物館とは何か」を科学的に追求する学問であるといえよう。すなわち，博物館 (Museum) の論理学 (Logic) ということで，博物館の科学的理論付けである。例えば博物館学は，その学問の対象とする博物館を料理する庖丁である。……よき博物館学つまり，博物館の理論，原理が良き博物館をつくることになるのはいう迄もない……。……要するに，博物館学という（科）学は，博物館の概念や，理論構成に関する処理の仕方，操作の仕方を扱う科学的研究であるといえよう。……博物館学の究極の目的は，良い博物館 (Good　Museum) の，或いは

博物館活動の確立にあることはいう迄もない。(倉田公裕『博物館学』東京堂出版　1979　p.5-6)

新井重三の定義
　博物館学は博物館論理学と博物館実践学の両者より構成される科学とみることができる。すなわち，博物館論理学は「博物館とは何か，博物館はいかにあるべきか」という課題を追求する学問分野であり，一方，博物館実践学は，博物館論理学から結論づけられた学説にたって，その具体化を実践するために必要な方法論や技術論について研究し記録する記載科学的分野である。(「博物館学（理論）と博物館実践学」古賀忠道ほか監修『博物館学総論』博物館学講座1　雄山閣出版　1979　p.5)

加藤有次の定義
　今日に存在する「博物館」をより科学的に，そして人類社会の求める博物館像を確立することにある。要するに現代博物館の目的をより科学的に達成するために博物館学が厳存するといえる。(加藤有次『博物館学総論』雄山閣出版　1996　p.12)

以上の代表的な定義に学びつつ，「博物館学とは，博物館はどうあらねばならないかという観点に立って，社会環境の変化や利用者のニーズに即してその活動の目的，内容，方法，人材の養成，組織・運営のあり方等を科学的に探求していく学問」と新たに定義したい。

加藤有次も指摘するように，博物館学は，理想的な博物館を育てるための学問であり，そのために今後，これまでの理論を踏まえて実践し，その成果をさらなる理論の深化に役立てていくといった積み重ねがいっそう重要になるであろう。

そのために，まず有能な人材を育成しなければならないことは論をまたない。

2．博物館の基本的機能

前項の定義にみるように，博物館は単なる展示施設ではなく，(1) 資料の収集，(2) 保管，(3) 調査研究，(4) 展示・教育を行う機関であることを理解し

たが，本節では，博物館とはどのようなことを行う所か，その基本的機能について考えてみる。

(1) 資料の収集

博物館は，モノ（＝資料）がなければ成り立たないといってよい。モノが博物館の生命であり，モノが主体をなす。規模の大小はあるにしても，コレクションを基礎にするという点ではどの博物館も同じである。したがって，モノを収集することは博物館として不可欠な機能である。

博物館のモノは多種であり多様である。もちろん，博物館の種類，性格などによって，収集されるモノは異なる。考古，歴史，民俗系博物館であれば，多くの場合，その博物館が存在する地域の資料を収集することにウエイトをおくことになる。また自然史科学系博物館の場合は，その地域の植物や動物，岩石・鉱物などを中心としながらも，資料の比較の観点から，海外も含めて広い範囲にわたって収集することになる。美術館は，その美術館の専門性に関する絵画や彫刻の収集のほか，グラフィックや写真，漫画，ビデオ，映画，ポスターなど，種々のジャンルの収集にも力を入れる美術館もある。[1] いずれにしても，それぞれの博物館の設置理念に沿って資料が収集されることになるが，資料の充実がその博物館の充実を意味すると言われるだけに，目的にかなった価値ある資料をいかに収集するかが極めて重要な機能である。

そのことは，決して容易なものではない。資料の収集は，博物館の専門職員として学芸員自身のたゆまぬ調査研究と相関関係にあり，学芸員にとっては，調査研究活動を伴った価値のあるモノを，どれだけ豊富に，系統的に集められるかが問われる。また，社会生活の中では役に立たなくなっているようなものでも，博物館の資料になりうる場合がある。そのために学芸員には相応の力量が求められ，日頃からその力量を磨くことに研鑽し，そして，なにを，どのように収集したらよいか目配りし，アンテナを張っておくことが重要である。多面的な情報の収集，さまざまなモノに触れ優れたモノの観察眼を養い，しかも，

---

[1] 湯本豪一編『美術館・博物館は「いま」』日外アソシエーツ　1994　p.45−51.

そのモノについての価値判断をする，という経験（訓練）を積み重ねることが大切である。

　資料の収集方法には，一般に，採集，発掘，購入，寄贈，寄託，交換，借り入れ，製作などがある。この収集方法については本シリーズの第2巻『博物館資料論』に詳しい。

　資料の収集には，経済的なものも含めて，いろいろな困難や苦労が伴うことが多いが，資料の収集は，収集後の保管などとともに博物館の機能の根幹をなすことは言うまでもない。

（2）　資料の保管

　博物館の重要な機能の一つとして，モノ＝資料の保管（動植物については「育成」を含む）がある。博物館のすべての資料は，所蔵資料が継続して良好な状態にあることが重要で，その保管・保護にはかなり気をつかわなければならない。いま所蔵している資料を，未来にできるだけ現状のまま残し伝えていくためである。もちろん，保管するとはいっても，博物館の使命からすればまったく公開しないというわけにはいかない。展示をしたり，研究に活用することも当然である。しかし，基本的に博物館の資料は，未来に引き継ぐために保管されるのである。モノ（＝資料）を大切に取り扱い，長く残していくという考え方が徹底していなければ，その博物館は結果的に充実した活動に結びつかない。

　博物館が，未来に残し伝えていかなければならないモノは，貴重な学術資料ばかりではない。動物園や植物園，水族館などでは，今日の環境問題と絡んで「種」の絶滅の回避を念頭に置いた，育成のための真剣な研究と実践が続けられている。

　資料の保管には，温度・湿度，光などが大きく影響するので，細心の配慮が必要である。

　こうした資料の保管・保護は学芸員の重要な仕事である。しかし，このことについて学芸員が十分に専門的な知識・技術を身につける機会が少ないこともあって，必ずしもそれぞれの博物館が満足な保管・保護措置をとれる状態になっているとはいえない。また，わが国の博物館では，資料の保管・保護，復

元，剝製(はくせい)の製作，などの専門職員を配置しているところが極めて少なく，それらの職員の養成が課題となっている。なお，博物館の資料は増加が著しいので，将来の収蔵物の増加にも対応できるように保管の効率性に十分配慮しておかなければならないことを付記しておきたい。

（3） 資料の調査研究

　博物館の機能は，収集や保管などいずれも欠かすことのできない重要なものであるが，調査し，研究することが全体の活動につながる中心的な機能になる。資料を収集したり，保管したり，そして展示・教育活動を行う場合も調査研究なしには成立しないからである。

　例えば，「特別企画展」を計画し実施する場合，どういうテーマでどんな内容の「企画展」を行うか，そのためのしっかりした準備が重要である。展示に必要な資料，あるいは関連資料がどこに，どれだけあるか，調査しなければならないし，しかもそれは展示する価値があるかどうかも十分に研究しなければならない。独自性のある展示を実施するには，近隣の博物館，あるいは国内で行われた「企画展」などについて，少なくともテーマに関連するものだけでも調査する必要がある。そして，得られた資料の展示を計画するとき，どうすれば資料がよく理解され，魅力を感じてもらえるか，見る人にとってさまざまな情報が得られるにはどうしたらよいか，といった，展示の方法や技術なども十分に研究しなければならない。

　資料について深く調査研究して展示表現を行ったつもりでも，見学者からは難しいとか，面白くない，などの不評を耳にすることが少なくない。企画者自身はその展示が十分な意味があって，面白くできたと考えても，見る人の多くを引きつけることができないとすれば，それはどこかに問題があるからであろう。展示法の研究やパネル解説の内容など，まだまだ研究することが多い。

　展示のみならず，講座や観察会等の教育プログラムをどのように計画し，実施し，さらに評価していくか，の研究も重要である。このことについて調査し，その結果を次に反映させていくための研究は，まだ緒についたばかりといってもよい状況である。

このように調査研究の成果を資料の収集，保管や展示・教育活動など，博物館活動全般に的確に反映させていくことが必要なのである。

調査研究すべきことはあまりにも多いことに気がつくが，博物館における調査研究の基礎は，何といっても，モノ（＝資料）そのものにあるといってよいであろう。

資料は，それ自身のもっている価値と，資料の来歴や記録的価値について種々な立場から調査研究されなければならない。その結果，資料環境のイメージが組み立てられ，利用者に示されることになる。したがって，博物館における調査研究に従事する学芸員には高度な専門的能力が求められる。

博物館の調査研究の分野としては，倉田公裕の『博物館学』（東京堂出版，1979, p.42）などに述べられているように，おおよそ三つに分けて考えることが多い。すなわち，資料の収集と保管に関する科学技術的調査研究，博物館資料に関する専門的調査研究，それに展示や教育普及活動による「モノ」と「ヒト」との結びつきに関する博物館学的または教育学的研究である。このうち，これまでよくなされている分野はそれぞれの学芸員の専門分野の「モノ」の調査研究である。このこと自体，博物館の基礎的な研究であって，この研究なしに博物館活動はありえない。博物館は「モノ」をもっているという利点を生かして，特色ある調査研究を続け，成果を挙げていかなければならない。

しかし，先に述べたように，資料の保管についての科学的研究に関しては，これを専門的に手がける人材が不足していることによる未開拓な面があり，また，モノとヒトを結びつける博物館学的，教育学的研究もまだまだ開発すべき課題が多い。博物館学を学ぶ人たちに，ぜひチャレンジして欲しい調査研究分野である。

（4） 資料の展示・教育

収集された資料は，専門的に研究されて，その成果が展示という形で表現され，公開される。一般の人々にとっては，博物館といえば資料が展示されている所というイメージが強い。

博物館は調査研究機関としての機能をもつが，大学や研究所と異なり，展示

室を備え，収集された資料等を用いて教育的配慮のもとに展示を行い，人々の利用に供する教育機関でもある。展示として公開されることが，人々の学習の場をつくっているといってもよい。

展示は，博物館のモノとヒト（＝利用者）を結ぶパイプである。それだけに，博物館としては，利用者の興味関心を高めるような展示の工夫をしなければならない。利用者が展示を見ることなどを通して，面白く，楽しく学べるようにすることが必要である。その結果として，教育効果も生まれるであろう。

しかし，展示がよりいっそう，利用者にとって効果的な学習の機会となるには，もちろん課題が少なくない。その一つに，依然として「展示解説」の問題がある。「専門的な説明が多すぎる」という利用者の不満は，まだまだ解消されていない。「展示解説は学術的な用語を用いるべきで，いたずらににやさしく書くことが適切とはいえない」とか，「説明が難解であるなら自ら調べることも必要なことだ」という，博物館サイドの論理がある。それも一つの考え方には違いないが，そのような主張も，利用者が解説に目をそむけてしまったら，せっかくの学芸員の努力が無駄になりかねないし，何よりも利用者の学習意欲をそいでしまう。

このことに関して，展示ケースの横に，青年・成人向けと，幼児・少年向けの解説を工夫し，とくに幼児・少年向けのものには，楽しそうなイラストとともにわかりやすい解説を付けて，「見てみよう」という意欲を高めている博物館の工夫は注目されてよい。

近年，博物館の展示は素材そのままを展開することもさることながら，新しい方法がかなり開発されている。デザインや照明など，視聴覚に訴える方法など，多様なメディアを活用することが急速に進歩しており，博物館側の考え方や工夫によっては，利用者のよりよい学習の機会をつくっていくことが可能になっている。

また，博物館には展示と同時に展示以外の教育機能があり，それは教育事業として行われるものである。博物館で「教育」というと，堅苦しく感じられがちであるが，決して教え込むとか，啓蒙的なことを意味するわけではない。利用者に対する助言とか，理解の手助けをする，アドバイスをする，そのことに

よって疑問や可能性を引き出したり，あるいは興味関心を喚起する，といった意味合いと理解すればよい。そして教育事業にはさまざまな内容や形態があり，わが国では1970年代後半頃から活発化し，今日ではそれぞれの博物館の目的のもとに講演会，観察会，採集会，実技実習，体験学習会，資料貸出し事業，レファレンスサービス，共同調査研究，展示解説活動等々，多様に計画・実施されている。

その中で国立科学博物館が1988年から始めた「教育用標本貸し出し事業」は，学校の授業やクラブ活動の一環として全国各地の小・中・高校で活用されている。さらに，教師を中心とした指導者研修事業も国立科学博物館の主催事業として，やはり1988年から積極的に実施しているが，1992年7月にオープンした「ティーチャーズセンター」での教師のための研修は，児童生徒の効果的な博物館見学に大きな役割を果たしている。こうしたことが博物館と学校教育との連携，さらには融合を図ることにつながっていくものと思われる。

加藤有次は『博物館学総論』（雄山閣出版，1996, p. 127－128）の中で，「博物館の機能には，なすべき事業の仕組みとその相互関係から，絶えず新しいものを生み出すエネルギーがなければならない。そのためには，博物館にとって常に地域社会人の生き生きとした場が存在し，そこにいる人々がいかなる角度からも博物館を利用し得るように考える必要がある。」と述べ，博物館の本来の機能は，人々が博物館を能動的に利用するように働きかけ，そうした利用につながるしくみが，その理念の中に見いだせることが必要であると強調している。加藤は，そのようなことを前提とした上で，博物館の四つの機能は相互関連性をもつもので，そのうちの一つでも活動不能であると，博物館としての全機能が喪失することもあり，博物館の存在そのものを危うくしかねないと述べている。この加藤の考え方を踏まえつつ，博物館の四つの機能の相関性について1－1図に示した。なお，調査研究は，資料の収集，保管，展示・教育に関わる中心的機能と位置づける観点から，あえて中央に据えた。

利用者 ↕

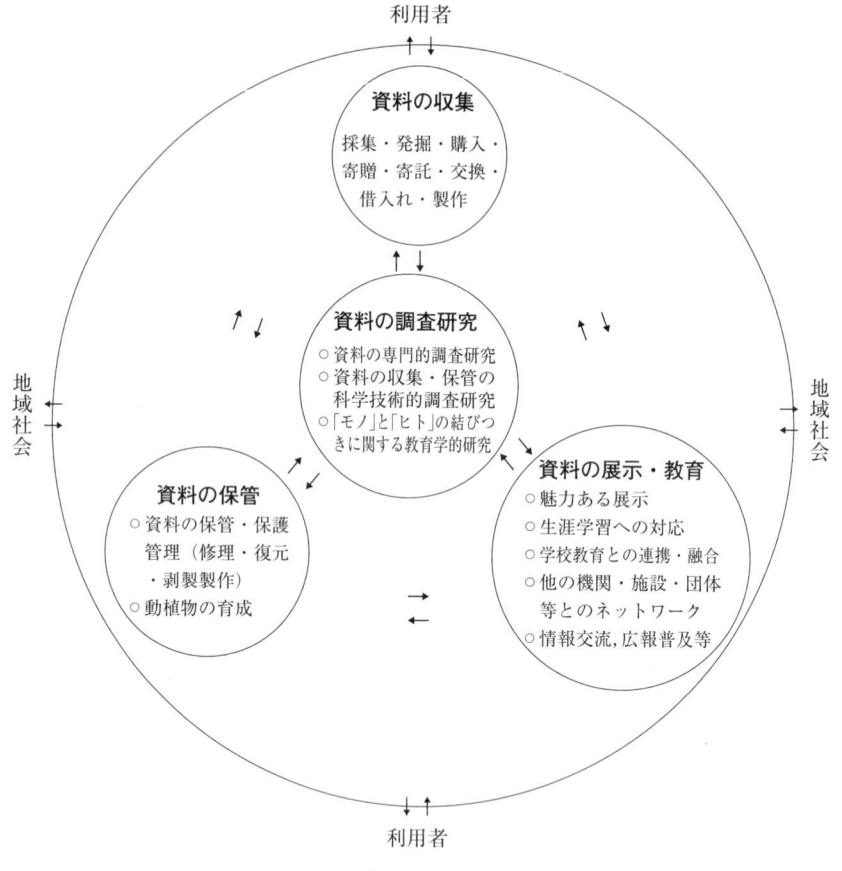

資料の収集
採集・発掘・購入・寄贈・寄託・交換・借入れ・製作

資料の調査研究
○ 資料の専門的調査研究
○ 資料の収集・保管の科学技術的調査研究
○「モノ」と「ヒト」の結びつきに関する教育学的研究

資料の保管
○ 資料の保管・保護管理（修理・復元・剥製製作）
○ 動植物の育成

資料の展示・教育
○ 魅力ある展示
○ 生涯学習への対応
○ 学校教育との連携・融合
○ 他の機関・施設・団体等とのネットワーク
○ 情報交流，広報普及等

地域社会 ↔　　　↔ 地域社会

利用者 ↕

1-1図　博物館の機能の相関性

3. 博物館にはどのような分類の仕方があるか

　博物館にはさまざまなタイプがある。国立，自治体，私立，大学付属など多種にわたっている。これらの博物館は，以下のようにおおまかに分類できるが，情報化，国際化，高齢化など急激に変化する社会の中で，さらに新しいタイプの博物館が誕生することも予想される。ここでは，学習上できるだけ理解が容易になるように資料の種類別，設置者別，制度別，機能別など基本的な博物館

の分類を提示することとする。

博物館の分類の座標軸には次に示すようないろいろな指標がある。
 (1) 収集されるモノ（＝資料）の種類別分類。（「公立博物館の設置および運営に関する基準」昭和48年11月，文部省告示164号　第2条において，総合博物館，人文系博物館，自然系博物館に分けて定義されている）
 (2) 国立，公立，私立（財団法人，宗教法人，会社，個人など）等の設置者別分類。
 (3) 登録博物館，博物館相当施設といった博物館法による制度別分類。
 (4) 博物館の設置目的，運営方針等との関係で博物館活動の特定の機能に重点を置く機能別分類。
 (5) 博物館の目的，運営，事業，利用形態を時系列でとらえて分ける世代別分類。（伊藤寿朗は，第一世代＝保存志向型，第二世代＝公開志向型，第三世代＝参加志向型の三つの世代に分けている[1]）
 (6) 博物館の展示がどこで行われているかで分ける展示場所別分類。
これらを整理しながらまとめてみると，1-2図のようになる。

4. 特色ある博物館の設立

博物館づくりの中では，以下に示すような種々の博物館が，最近，脚光を浴びるようになっている。
 ① 参加・体験型博物館……ガラスケースの中の貴重な資料を単に見るだけでなく，標本に触れたり，実験装置を自ら動かしたり，試したりすることによって理解を深めさせる。（大阪市立科学館，静岡市登呂博物館など）
 ② 地域志向型博物館……その地域の課題を博物館活動の中心に据える。（神奈川県平塚市博物館，滋賀県琵琶湖博物館など）
 ③ 対話型博物館……学芸員やボランティアを中心に，職員と利用者との対話を重視し，集客力の向上を図る。（三重県立美術館，兵庫県立人と自然の博

---

1) 伊藤寿朗『市民のなかの博物館』吉川弘文館　1993　p.141-145.

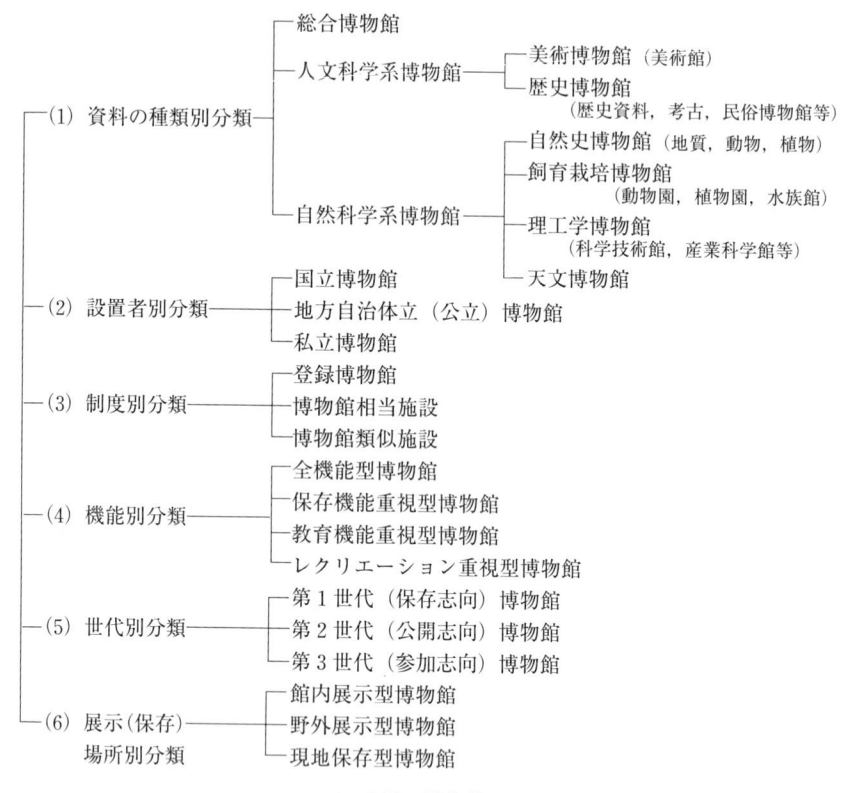

```
―(1) 資料の種類別分類―┬―総合博物館
                      ├―人文科学系博物館―┬―美術博物館（美術館）
                      │                  └―歴史博物館
                      │                      （歴史資料，考古，民俗博物館等）
                      └―自然科学系博物館―┬―自然史博物館（地質，動物，植物）
                                          ├―飼育栽培博物館
                                          │    （動物園，植物園，水族館）
                                          ├―理工学博物館
                                          │    （科学技術館，産業科学館等）
                                          └―天文博物館
―(2) 設置者別分類―┬―国立博物館
                  ├―地方自治体立（公立）博物館
                  └―私立博物館
―(3) 制度別分類―┬―登録博物館
                ├―博物館相当施設
                └―博物館類似施設
―(4) 機能別分類―┬―全機能型博物館
                ├―保存機能重視型博物館
                ├―教育機能重視型博物館
                └―レクリエーション重視型博物館
―(5) 世代別分類―┬―第1世代（保存志向）博物館
                ├―第2世代（公開志向）博物館
                └―第3世代（参加志向）博物館
―(6) 展示(保存)―┬―館内展示型博物館
    場所別分類  ├―野外展示型博物館
                └―現地保存型博物館
```

1-2図　博物館分類例
（出典：加藤有次「博物館の種類と分布」古賀忠道ほか監修『日本の博物館の現状と課題』
博物館学講座3　雄山閣出版　1980　p.18にある，新井博物館分類の表を参考に作成）

物館，神奈川県立歴史博物館など）

　④　教育重視経営型博物館……利用者の学習ニーズに対応し，継続的に学ぶことができる教育プログラムシステムを構築し，その実施を通して経営効果を高める。（兵庫県香芝町日本玩具博物館など）

　⑤　個人記念館……観光の目玉と著名人を育んだ風土として，地域のイメージアップを図ることや地域アイデンティティを育むために展開する。（手塚治虫記念館(兵庫県)，宮沢賢治記念館(岩手県)　など）

　⑥　企業博物館……自らの企業の原点を見直すとともに，地域社会の中での

存在意義と文化的なイメージアップをアピールするために活動を展開する。(竹中大工道具館(兵庫県),日本はきもの博物館(広島県),電力館(東京) など)

⑦ PR施設・ショー・ルーム……企業製品の文化性をPRする。(アムラックス東京,フジタバンテ(東京) など)

⑧ 中核的文化施設＝コアミュージアム……「村おこし・町おこし」としての地域開発で,そのコンセプトを具体的に示す。(新津市石油の世界館(新潟県),夕日のミュージアム(愛媛県双海町) など)

⑨ エコミュージアム(生活環境型博物館)……行政と地域住民が一体となって地域の生活と自然・社会環境の発達の過程を知的に探求し,自然および文化遺産を現地で保存・育成し,展示を通してその地域の発展に寄与しようとする。(山形県朝日町,岩手県三陸町など)

5. 博物館の運営（マネジメント）

(1) 利用者満足の創出と学芸員

博物館は,社会から恒常的に存在価値が認められるように努めなければならないが,そのためには時代に即して常に新しい価値を創り出していくようなマネジメントの工夫が求められる。ここでは,当面するマネジメント上の課題について述べることにする。

わが国の博物館は,文部科学省の「社会教育調査」によると5,360館・園（平成14年10月現在）であるが,極めて小規模なものなどを含めると1万館・園を超すのではないかと言われる。しかもなお,新たな館・園の誕生もあり,百花繚乱のごとき活況を呈しているように見える。しかし博物館を建設し,開館した直後は盛況だったものの,その後,利用者の足が遠のき,そのために財政当局からは予算を削減されて困っている,といった例は少なくない。その主な原因として,多くは次のようなことが挙げられている。

第一に,設立主体となる自治体行政において,道路,下水道,ゴミ焼却場,公園等の公共基盤の整備を待たずに博物館を建設したために,設立後の運営に

十分な財源を確保できず，活動が停滞してしまったことである。博物館は生きものである。建物が完成すれば終わりではなく，むしろ，それ以後の運営・マネジメントの工夫こそが重要であり，その運営経費も見込んだ建設でなければならないのである。

　第二に，しっかりした設立理念が不足していたと思われることである。博物館は，その設立理念が開館後の事業活動の基盤となり，運営のすべての面の性格を決定することになる。したがって，それは地域の文化に対する深い認識に根ざした，幅広い視野をもったものでなければならない。理念の明確でない博物館をつくっても，いずれは地域住民に見放され，運営に行き詰まりをきたすのである。

　第三に，博物館は，いまや豊かな知識や情報を求める人々に役立つ生活の場を提供し，その知的能力にサービスするミッション（使命）をもつ機関となっている。こうしたサービスは言うまでもなく，館長をはじめとする職員やボランティアなど"人"に期待されるところが大きい。とりわけ今日のように学習ニーズが多様化，高度化すればするほど，利用者はプロフェッショナルとして学芸員との対面的なサービスを求めるようになる。それゆえ学芸員は自らの専門分野の資料の調査研究を行う研究者的役割，資料の展示公開，教育活動を行う教育者としての役割を果たすことはもちろん，たえざる研鑽を重ね，利用者満足の創出に努めるとともに，生涯学習の支援者としての自覚のもとに活動することが期待される。いずれにしても，博物館としては利用者の満足を創出するためのマネジメントの工夫が必要であり，そのためにも博物館の設立理念を理解して，設立の構想段階から関わって行くことのできる学芸員の確保やボランティア等の人材養成が極めて重要である。

（２）　展示の内容・方法の改善

　利用対象者やそのニーズ等を十分に調査分析し，魅力ある展示づくりと利用者を満足させる展示のマネジメントのあり方の工夫が極めて重要である。

　例えば，参加体験型の展示を行う場合，単に体験することだけに終わらずに，考えさせる展示のカリキュラムを開発し，しかもエンジョイメントと教育性が

適切に組み合わされた展示の製作とそれを生きたものにするために，"人"の配置や展示をより深く理解できるようにするための発展の学習の場づくりなどの運営方法を考える必要がある。

さらに，高度な科学技術を駆使したマルチメディア・システム，ハイビジョンの導入，パソコンを導入したゲーム感覚の展示，バーチャル・リアリティの導入など高度な科学技術を駆使した展示や，障害者，高齢者，幼児などに配慮した展示，また，自然保護，環境，エネルギー，生命，国際理解などの現代的課題を取り入れた展示の開発も欠かせない。

(3) 教育普及事業の充実

学校等への移動博物館，出前講座や資料の貸出し事業などのアウトリーチ活動[1]，生活科などの教員対象の研修事業，親子自然教室などの世代間交流事業，実物に触れる体験学習事業など，それぞれの館の特色ある事業を企画し，実施すること，時代のニーズに即した事業の企画，発達段階に対応した事業の企画とカリキュラムの開発などは，これからいっそう推進すべき運営上の課題である。また，博物館間はもとより，他の生涯学習関連施設・大学・研究所，企業などとの協力・連携を図り，事業を拡充し，利用者のニーズに応えていく姿勢が必要である。

以上のほか，時代の要請に応えられる組織の構築や，有能な人材の確保と配置，博物館評価方法の開発とその実施，職員の資質向上のための研修機会の提供等が緊要な課題である。

6. 博物館の新たな役割

本章の2節において，博物館の基本的な役割・機能について考察した。この基本的な機能があってこそ博物館は動いているのであるが，他にも博物館に期

---

1) 博物館のサービス・ポイントから比較的遠い地域に住む人々や，高齢者，身障者，病人など，博物館を訪れることができない人々のために，出向いて行う活動。

待される役割がある。もちろん，それは基本的な機能と深く関わっている。

かつて博物館は，ともすると，「モノ」に関する知識・情報を伝える場，あるいは知識・情報を獲得する場と考えられがちであった。これは博物館側の見せてやる，教えてやる，といった啓蒙的な姿勢の問題ではないかと思われる。また，利用する地域の人たちにも，博物館は知識を与えてくれる場，教えてもらえる所，といった受け身の姿勢があって，それに甘んじてきた面も否定できない。知識を授けてくれる所が博物館であり，なにかを創造していく場という受けとめ方は希薄だったように思われる。

しかし，いま，博物館に期待される役割は単に知識を伝達したり，「モノ知り」を育てることにあるとは考えられていない。

これからの博物館には，変化の激しい社会に的確に対応し，地域における生涯学習推進のための中核的な拠点としての機能を充実するとともに，地域文化の創造・継承・発展に寄与することや，さまざまな情報を発信する機能を高めていくことが強く求められ，そのような役割が期待されている。

地域の人たちが博物館を利用して「モノ」による知識や情報を得ること，新しい発見をすることは必要である。しかし，伊藤寿朗も指摘しているように，博物館として大切なことは，利用者がその「モノ」に関する知識を得たことだけに満足するのではなく，それを通して生活を自ら切り開いていく力，地域の文化を創造していく力，そのための知識として活用されるように支援することである。博物館は，そのような利用者の力量を育むような学習支援の方法を工夫していくことが必要である。そして博物館で学んだことや文化の創造の成果が，何らかの形で地域や博物館に蓄積され，社会に還元されていくような方策が求められるのである。[1]

7. コミュニティの創造と博物館

最近，地方分権化の時代を迎え，自分たちの地域のことは自分たちの意思で

---

1) 伊藤寿朗　前掲書　p.74-77.

決めていくという，住民参画の地域住民による新たなコミュニティの創造が緊要の課題になっている。

これは，地域の住民がコミュニテイづくりに参画し，地域への帰属意識，アイデンティティを育んでいくことの大切さが認識されてきているからである。これらの意識は，地域の生活文化や風俗習慣など地域の文化を継承し，理解を深める中から培われるものであり，博物館は当然，その重要な拠点の一つとして注目されることになるであろう。博物館は，地域文化の価値を改めて発見することのできる拠点でもある。

しかしながら，わが国の博物館はこれまで，ともすれば閉鎖的で，地域の人々との関係が希薄であった。このため，今日いわれるようなコミュニティ形成に深く関わりをもつ状況にはなかったといえる。

一方，欧米諸国ではコミュニティの人々の間に地域の博物館は自分たちが支えているという意識が強く，しばしば 'our museum'（私たちの博物館，おらが博物館）という言い方をする。特にアメリカではその意識が強い。そのことは活発なボランティア活動や友の会メンバーによる各種の活動などからもうかがわれよう。博物館での活動を通して人々のコミュニティ・アイデンティティが育まれ，それがコミュニティの創造へとつながっているものと考えられる。わが国の博物館にも，今後このような新たなコミュニティ創造への役割と期待が高まっていくであろう。そのために博物館としてはコミュニティの現状をしっかり認識し，その多様なニーズを汲み上げて，積極的にコミュニティに出かけていくアウトリーチ・サービスなどもいっそう重要になっていくと考えられる。

第2章
博物館の生成と発展

　日本博物館協会によれば，わが国には3,874館（2002年3月1日現在）の博物館がある。しかし，博物館の定義や役割については，いまだに議論が続けられており，このことについては第1章ですでにふれた。本章では欧米やわが国の歴史を手がかりに，博物館がいかに生まれ，発展してきたのか，そして博物館の役割そのものについて考えてみたい。

　本章では公共施設としての博物館の発展に注目する。したがって，大英博物館やルーヴル美術館をはじめとする18世紀後半以降の，いわゆる近代の博物館を，今日の意味での博物館の始まりとして考えていく。そして，人々の社会生活の中に，博物館がどのように根づいていったのかを概観し，博物館の理念や機能を考える手がかりとしたい。

1.「博物館」前史

（1）「博物館」の起源

　博物館の起源をどこに求めるかについては，ギリシャ・ローマ時代か，さらにさかのぼって，洞窟に美しい壁画を残した原始時代か，それとも近代社会が始まった頃かと，今日でも意見が分かれるところである。本章では基本的に「近代」という立場をとるが，価値がある「もの」を見いだして収集し，建物の中に据え置き，娯楽や教育のために展示公開する営みの起源は，ギリシャ・ローマ文化に求めることができるだろう。

　そもそも'Museum'の語源は，芸術と学問を司るミューズの神々に捧げられた神殿を意味する，紀元前4世紀頃の'Mouseion（ムセイオン）'に由来す

第2章　博物館の生成と発展　21

◀光がさし込む天井を仰ぎ見たところ。天蓋に輝く鳩が配されている。かつての教皇の威光をうかがい知ることができる。（撮影：曽根幸子）

2-1図　ヴァチカン，サンピエトロ寺院

る。富と権力の絶頂にあり，美学や自然科学，倫理学などの学術研究の基礎を築いたギリシャ文化のもとに，「知の殿堂」が誕生したのである。

　エジプトのアレクサンドリアの王宮に，ギリシャ文化に親しんだプトレマイオスⅠ世が設立したムセイオンは特に有名である。しかし，今日の意味での博物館とは，かなり性格が異なっていた。王宮に保護された学者が神に祈り，80万巻の文献や資料を用いて研究に没頭した。小動物園や植物園もあり，天体観測や音楽の演奏も行われたという。当時の学術研究の営みに合わせた多様な目的に使われ，莫大な資料の収集・保存は，その副産物であったといえる。

　また，美術館の起源ともいわれる‘pinacotheca（ピナコテーカ）’もまた，ギリシャ時代にアテネのアクロポリスに設けられたものが有名である。パルテノン神殿の裏側にあり，神話を題材にした絵画や彫像が壁面に飾られていたようである。

　いずれにしても，ギリシャ時代，それに続くローマ時代を通して，宗教や教育，娯楽などの目的で絵画や彫像，珍しい品々，書物，あるいは異国からの戦利品を収集し，展示する公共の場がつくられるようになっていた。主に貴族の邸宅や神殿に設けられた収集・陳列の空間であったが，博物館史の上で，古代から中世に及ぶ時代は大きな意味をもつ。第一に，特定の物品が独自の価値の基準で集められ，コレクションとして保護されるようになったこと。第二に，美術品などの文化遺産を，王侯貴族や国家，都市が公共の財産として管理するべき，とする文芸庇護（メセナ）の考え方が生まれたことである。

◀右側が美術館。その奥はベッキオ宮殿の塔。メディチ家のコレクションが1737年に市に寄贈された。イタリア・ルネサンスの文化を今に残している。
（撮影：曽根幸子）

2-2図　フィレンツェ，ウフィツィ美術館

　しかし実際には，国家の力や富を誇るため，あるいは特権階級の人々の私的な欲望や社会生活を満足させる役割の方が大きかったといえる。古代文明が厳しい階級制度に支えられていたことも忘れてはならない。特権階級を支えた多くの人々にとって，貴族や神殿のコレクションは，普段の生活には縁のないものであったのである。

（2）　中世から大航海時代のコレクション

　ヨーロッパの中世では，農地や教区を基盤にした封建的な社会制度が根づき，国王や領主，教会は互いに結びつき，都市や村を強力に支配してきた。その中で，14世紀頃からルネサンス（文芸復興）の文化が花開いていく。
　それはギリシャ・ローマの古典文芸・学術の復興をめざした文化的な運動であり，ルネサンス式と呼ばれる美術や建築などの独特の様式を生み出した。かつてローマ帝国の中心であったイタリア半島，中でもフィレンツェやベネツィア，ローマなどの都市は，東方貿易で経済的に繁栄し，世界各地からの情報や優秀な人材も流入し，ルネサンス文化の舞台となった。貿易と金融業で巨富を積み，ついにはフィレンツェを独裁したメディチ家の擁護のもとに，レオナル

ド・ダ・ヴィンチ，ミケランジェロなどが活躍したことは有名である。17世紀に設立されたウフィツィ美術館，パラティナ美術館などには，その成果が残されている。また，'studiolo（ステュディオーロ）'と呼ばれる絵画展示室も流行した。

　貿易で繁栄した地中海の都市では，科学や航海術が目覚ましく発展した。しかし皮肉にも，15世紀末頃に「新大陸」やインド航路などの新しい貿易路が発見されたため，貿易の拠点が大西洋岸に移ることになり，イタリアは貿易の拠点としての価値を失っていくこととなった。また16世紀前半には，神聖ローマ皇帝のイタリア侵入によって文化財や蔵書も破壊されたこともあり（ローマの荒略），ルネサンスの中心はイタリアから北ヨーロッパに移っていったが，ルネサンスは当時の文化に大きな影響を与えた。

　一方で15世紀半ば頃，ドイツで発明されたとされる活版印刷は，政治経済や社会生活にも大きな影響を与え，宗教改革の引き金になったともされる。それまで書籍は修道院に付属した図書館でつくられた写本が中心であり，美しい写本は王侯貴族や聖職者の間で取り引きされ，ラテン語で書かれていることもあって一般の人々には利用されなかった。それが活版印刷の発達によって，聖書もドイツ語やフランス語など，自国語で書かれて大量に印刷され，一般の人々にも入手できるようになった。もちろん豪華な装幀本は一部の人々の収集の対象となったが，これまでは王侯貴族や富裕階級だけのものであった読書の特権を，一般の人々も共有できることになったのである。こうした知識の普及の動きは，「近代」という時代を導いたといわれている。

　たしかに，書籍を読み，美術工芸品や貨幣や動物標本などを収集し，その成果について同好の士と語り合う趣味をもつ人々は増えてきていた。

　15世紀以降のいわゆる大航海時代が始まり，大西洋岸の都市が新たな貿易の拠点として栄えてくると，南北のアメリカ大陸やアジアからもたらされた金銀や物品，情報はヨーロッパの社会経済を大きく変化させた。貿易先や領地をめぐって国際的な競争もあり，政治上の対立も引き起こされた。その中で，海外の珍しい物品を集め，陳列することが王侯貴族を始め，富裕な商人や学者，職人の間で流行するようになった。蒐集家（コレクター）のすそ野が広がったの

である。そうした珍しい品々を取り引きする市場も生まれ，収集や陳列に全財産を費やしたり，破産する人々も現れた。

（3） 科学の発展と蒐集家の台頭

　中世に普及した，修道院付属の薬草園は，次第に自然科学の研究の場として変容する。北イタリアには16世紀半ばに植物園がつくられている。パリの王立植物園（後のジャルダン・デ・プラント）が公開されたのは1640年のことであった。後にはフランス革命による王政の廃止により，1793年に国立自然誌博物館として生まれかわることになる。この植物園での収集・研究活動は，その後の植物学の発達に大きく貢献することになる。

　16世紀以降，動物学や鉱物学など自然科学の学術研究は次第に体系化されていく。動物や植物を描いた細密画や，標本をつくる技術も飛躍的に向上した。アジアやアメリカ，アフリカのさまざまな珍しい物品や情報がヨーロッパに集められ，研究書は印刷技術や流通の発達によってかなり広く出回るようになった。18世紀以降になると分類学や進化論の考え方が生まれ，またこの世のあらゆる知識や事物を文字でまとめようとする『百科全書』などの考え方も現れてくる。

　このような自然科学研究や流通活動の発達を背景に，'cabinet（キャビネット）'や，'Wunder－kammer（珍奇の部屋）'と呼ばれる収集展示室が増えてくる。有名なものにオランダ，ライデンのオーレ・ヴルムの展示室がある。壁面は亀の甲羅や鹿の角，甲冑，鉱物などで埋めつくされ，天井からは熊や魚の剝製がぶら下がっている。これらの展示室は大量の収集品を，所有者の世界観や美的趣味に基づいてすき間なく並べるものである。剝製が中心だった動物標本も，17世紀後半にアルコール漬けの技術が発明され，透明ガラスや注射の発達もあり，ラム酒やワイン，塩，コショウで保存した瓶詰めの標本が普及するようになった。また，蠟を注入して美しく彩色した臓器の標本も現れている。

　一般の人々に公開される展示室も増えてきた。オランダ，アムステルダムのフレデリク・ロイスの博物館はロシアのピョートル大帝が訪れたほど多くの観客を集めたという。学術的にもすぐれたコレクションが現われ，イギリス，グ

ラスゴーの医師，ジョン・ハンターの博物館は，骨格や臓器などの解剖標本をテーマ別に分けて展示したという。1683年にはオックスフォード大学に寄贈されたコレクションをもとに，アシュモレアン博物館が設立されている。

中世や大航海時代に生まれたコレクションや展示施設は，趣味や見世物との境がない，前近代的なものとして決して無視することはできない。なぜなら，博物館やコレクションは，その時代ごとの収集者と管理者，観覧者との関係で成り立っているのである。大英博物館やルーブル美術館などの歴史を見ても，設立された当初からの収集方針，活動内容とは大きく変わってきている。

そして，なにか不思議なものや美しいものをすべてこの手に集めたい，見てみたい，という人間の本能的な欲求は昔も今も変わらない。例えば，アメリカで18世紀末以降たいへんな人気を集めたチャールズ・ピールのコレクションは，一部はボルティモア市立ピール博物館へと発展し，一部の標本は分散し，サーカスの一つの出し物として各地を巡業したという。博物館は本質的に，趣味や見世物，また余暇の歴史などからも切り離せない性格をもっている。

2. 近代における公共博物館の誕生

(1) 大英博物館，ルーヴル美術館の設立と拡張

今日でも世界有数の規模を誇るイギリスの大英博物館とフランスのルーヴル美術館は，公共博物館の先駆けとして博物館史の上でも重要である。

王室の侍医を勤めた優秀な医師であり，熱心な収集家でもあったハンス・スローン卿は，動植物，鉱物などの8万点の標本，活版本，写本などの蔵書を集め，学術的にも貴重で膨大な量のコレクションを築きあげた。彼は資料の保存と自由な公開を，という遺言を残したが，収集品を一括して王室で買い上げることは財政的に難しかった。その結果，国家として管理することになり，1753年に大英博物館法が制定された。公共博物館を支える法制度がつくられことは画期的なことであった。資金の問題から新築はせず，郊外の閑静な街並みにある，築百年ほどの旧モンタギュー邸を買い取った。

膨大なコレクションは，管財人（トラスティー）が管理・運営を任された。スローン卿の親族も含め，カンタベリー大司教などを筆頭に，国王，貴族，学者，政治家などで構成され，会議制で資金調達や博物館の管理運営を行った。
　資料管理は，考古学や動物学，版画などの分野ごとに管理官（キーパー）が担当することになった。管理官の地位は高く，有能な人も多かったので，資料の収集，研究は活発であった。19世紀初頭にも，象形文字の解読で有名なロゼッタ石を始めとするエジプトの考古学資料，古代文化の大理石彫像などの貴重な収蔵品が増えていく。またジョージⅢ世が集めた膨大な書物（キングス・ライブラリー）が遺贈されることになり，建物の古さ，狭さが目立ってきていた。改築がすすめられ，19世紀半ばにほぼ完成し，今日に近い形となった。有名な円形大閲覧室が公開されたのも1857年のことであった。
　当時の社会は産業化が進み，一般の人々にとって都市の住宅事情や福利厚生は決して十分ではなかった。その一方で，博物館では税金を使って動物の剥製や古めかしい彫刻が大切に扱われている。さらに大理石でできた古代風で壮大な新館が建設されたので，批判も少なくなかった。大英博物館は，良くも悪くもロンドンの新名所となった。
　一方でフランスでは1793年，ルーヴル美術館が設立された。それまで王宮のコレクションや，それを公開する展覧会はあったが，フランス革命によって国家の公共博物館として生まれ変わったのである。
　16世紀前半，フランスのルネサンスの父と呼ばれるフランソワⅠ世は，レオナルド・ダ・ヴィンチなどの芸術家を保護して王宮のコレクションを充実させた。1635年にはアカデミー・フランセーズが，続いて絵画彫刻などのアカデミーも生まれ，太陽王と呼ばれたルイ14世のもと，アカデミーは公式の制度として根づいていく。17世紀後半にはルーヴル宮のグランド・ギャラリー（大回廊）でアカデミー会員による展覧会が開かれ（その後会場はサロン・カレに移る），リュクサンブール宮の一般公開も始まっている。
　それらのアカデミーが主導する展覧会（サロン）は，ロココなどの優美な様式を生み出した一方で，排他的・形式的だとして批判されるようになった。フランス革命後に成立した政府のもと，文化遺産が散逸しないよう，ルーヴル宮

のコレクションは共和国博物館として管理されることになった。そして展覧会は民主化されることになり，18世紀末には政府任命の審査委員会が公募展を始める。しかし，様式や展示手法などは革命前のものが引き継がれたといわれる。当時の様式では，絵画は壁面いっぱいを埋めつくして架けられ，今日の展示手法とはかなり異なっている。その後，ナポレオンの絶頂期にはナポレオン博物館と呼ばれ，王政復古後はアカデミーの制度が復活し，より強固なアカデミズムが美術界やルーヴル美術館を支配するようになっていった。

また，小国家が台頭していたドイツでは，ようやくホーエンツォレルン家によって1871年にドイツ帝国が成立した。そのもとでベルリンに，古美術館（アルテス・ムゼウム）やボーデ美術館などの多くの博物館がつくられ，今日も「博物館島」が残されている。

(2) 博覧会と博物館

1851年，ロンドンのハイドパークを会場に5か月間にわたり開催された万国博覧会は，欧米の博覧会時代の幕開けとなった。園芸技師が設計した全長536メートル，高さ30メートルの巨大な温室のような会場は「水晶宮（クリスタル・パレス）」と呼ばれるようになった。当時のイギリスの繁栄を背景に，ガラスと鉄骨で組み立てられた斬新な建物で，イギリスはもとより世界中の関心を集め，興行的にも大成功をおさめた。

巨大な吹き抜けの中央通路には観葉植物や彫像が，展示場には世界各国の10万点の展示品が所狭しと配され，入場者で大混雑して息苦しいほどの状態だったという。1日では見て回れないほどで，主催者でもあったビクトリア女王は，3か月間1日おきにお出ましになった，というエピソードも残されている。

その後，万博をはじめさまざまな規模の博覧会・展示会は，パリやウィーン，アメリカなどでも20世紀前半頃まで次々と開催される。これらの博覧会・展示会は，博物館の発展や博物館そのものの考え方にも大きな影響を与えている。

第一に，博覧会をきっかけに，国家規模の博物館が多く誕生したことである。イギリスでは，万博で国内外から集められた資料をもとに1857年にビクトリア・アンド・アルバート美術館が設置され，さらに科学博物館が分離して誕生し

た。数々の博覧会やロンドンの科学博物館に刺激を受けたオスカル・フォン・ミラーは、ドイツを代表する博物館の建設を目指し、ついに1907年にミュンヘンにドイツ博物館が生まれた。

　第二に、博覧会で人気を集めた展示手法が博物館に導入されたことである。実際に蒸気機関を動かす動力展示や二輪車や飛行機の迫力ある展示手法は、ロンドンの科学博物館やドイツ博物館で導入された。万博で披露された巡回式の濾過装置は、内陸での魚の飼育を可能にするものであり、ロンドン動物園の水族館（1853年設置）で導入されている。

　第三に、多くの一般大衆が見物に訪れていることである。産業や交通の発達を背景に観光産業も発展し、国内外の都市や博覧会、そして博物館を見学する余暇活動の習慣が根づいていった。6百万人の入場者を集めたロンドン万博では、入場料の安い平日は労働者や農民が押し寄せ、会場周辺のホテルは連日満員となった。団体旅行を斡旋する業者や、旅行費を積立式で集める労働者のクラブもつくられている。入館者数の落ち込んでいた大英博物館では、1841年から復活祭の時期に無料公開したが、1日に3万2千人が入館した。1851年のロ

◀ガラスと鉄骨でできた、商店街を覆う巨大なアーケード。19世紀後半につくられたもの。
（撮影：曽根幸子）

2-3図　ミラノ，ドゥモ広場に面した
　　　　アーケード街

ンドン万博の会期中には合わせて250万人が押し寄せている。

　第四に，国内外の博物館の発達によって，博物館を支える法制度や協力機関が生まれてきたことである。欧米，特にイギリスでどのような目的，内容の法体制や協力機関が整えられてきたのか，次の節でより詳しく見てみたい。

（3）博物館を支える法制度，協力機関

　19世紀半ばのイギリスでは，税金で維持され，一般大衆が自由に利用できる公共博物館を支える法制度が，欧米に先駆けて整えられていった。大英博物館には固有の法があり，図書館には国内で発行された新刊本の納入を受ける，という特権が与えられていた。当時博物館の存在は十分に理解されておらず，政府も議会も博物館には無関心であった。しかし実際には，教員や婦人によるボランティアや，地方の教育委員会による学校教育の補完を目的とした博物館の設置・運営は各地で増えていた。図書館法制定にも熱心であった下院議員などのはたらきかけもあり，1845年に世界で初めての博物館法（大都市における博物館設立奨励法）が制定される。

　最初は，イングランドとウェールズの人口１万人以上の大都市に，一定の範囲内の税金で博物館を建設してもよい，とするものであった。その後改正が重ねられ，適用範囲はスコットランドやアイルランドにも広げられた。人口の規定や使用できる税金の割合も引き上げられ，公債基金の利用も認められている。決して建設を義務づけるものではなく，地方自治法に基づいて委員会を編成し，一定数以上の地方税納税者の支持も必要であった。スコットランドでは1887年に公共図書館法が制定され，地方自治体に博物館を設置する権限が与えられた。

　これらの法律は，公立博物館の設置を税制や条例に基づいて奨励するものであり，入館料の無料以外には特に機能や活動について定められていない。当時の博物館は関係者の良心や責任感に支えられていたともいえる。関連する法律に，博物館の建設用地獲得に関する法（1868年）がある。これには，宗教，教育，芸術，文学，科学の振興という公益事業への用地提供をうながすものであった。資料の収集や保存についての条項はほとんど見あたらず，1861年には文化財を壊した者は，軽犯罪として半年以内の重労働，未成年には鞭打ちの刑罰に

処す，という法律があるくらいである。

　当時の博物館を支える法制度の性格は，第一に，地方自治体による公立博物館の設置・運営をうながすものであり，博物館の規模や活動内容は，地方政府法や救貧法（後の国民救助法）などの地域振興のための法律に基づいて，それぞれの地域の事情にまかされて決められたことである。第二に，特に18世紀後半以降，一般大衆の文化活動への欲求が高まってきたことである。休日に博物館見学や読書を楽しむ人々も増え，公共施設としての博物館や図書館が期待されるようになった。教育的機能も注目され，地方の小さな町でも教員などが無給で設置・運営を行う博物館も増え，学校や教育委員会とも連携した資料貸出しや巡回展覧会などの要求も高まっていた。この意味で20世紀前半までの博物館法は，地域の人々が自主的に行ってきた博物館活動を法的・経済的に支えるために，状況に合わせて少しずつ改正されていったものだといえるだろう。

　こうした背景のもとに，19世紀半ばには60にも満たなかった博物館の数は，1900年には200館，1928年には530館以上と急速に増えていった。公共図書館・博物館法（イングランドとウェールズ）が制定されるのは，1964年になってのことである。

　フランスでも，1895年に国立博物館の法人組織化に関する大統領令によって国立博物館評議会が設置され，1927年には国立博物館と，学芸員養成のためのルーヴル美術館大学の法制度化が行われた。

　19世紀後半からの博物館の急増や法制度化，組織化への期待を背景に，1889年にイギリス，1906年にアメリカ，1917年にドイツ，1921年にフランスで博物館協会が発足した。アメリカでは1876年，イギリスではその翌年に設立されていた図書館協会の制度に影響されたものであるが，博物館を普及し，守り，質を高めていくための職業団体である。

　その他に，フランスのルーヴル美術館後援会やイギリスの国立博物館後援協会など，特定の博物館を支える協力組織（友の会制度）も誕生している。学校生徒や低所得者のための低額料金も設けたアメリカの会員制度（メンバーシップ）に比べ，上流階級の慈善活動や社交の場としての要素が強く，政治的・経済的に博物館を支えた。

さらに1926年，国際連盟のもとに国際博物館事務局（IMO）がつくられた。収蔵品の少ない博物館を支援する版画や写真，石膏複製（ムラージュ）の交換や，学校や婦人への教育普及活動が主に議論された。大きな成果を上げることはできなかったといわれるが，今日の国際博物館会議（ICOM）の前身となっている。なお，第二次世界大戦後，1948年に開かれたICOMの第1回総会では，53か国の代表が集まり，以後着実に発達する。

3.「大衆」の登場と博物館

（1） アメリカにおける博物館の発達

今日でも世界有数の規模と質を誇るアメリカの博物館は，19世紀後半以降に急増した。それらはヨーロッパとは少し異なる革新的な形で発展した。

ヨーロッパでようやく専門性が形づくられつつあった博物館であるが，特に20世紀に入ってからのアメリカでは，美術や自然史などの専門分野を設立当初から分けて，多くの博物館が誕生していく。そしてなによりも，博物館と一般の人々との距離がヨーロッパに比べて近かったといえる。

世界経済の頂点にたった時期であり，個人や企業による高額の寄付金で新設されたコレクション，博物館も多い。芸術や学術研究の拠点として，また教育普及の機関としての設置理念は明確であった。子ども向けのクラブや地域のお祭りへの協力，特別展覧会や音楽会など，一見するとコレクションとは関係のない集客事業にも積極的であった。常に資金難に苦しんだが，公益事業を行う非営利組織，いわばボランティア団体で運営される博物館に対する社会的認識も高まっていった。運営資金は寄付金や会員制度，補助金によって支えられていた。政府や州が設置・運営を行うのではなく，あくまで補助金を出したり環境を整えたりすることにとどまっている。

1846年にイギリス人の実業家ジェームズ・スミソンによる多額な寄付金をもとに，スミソニアン協会が設立されている。この協会のもとに歴史博物館や自然史博物館など，国家規模の博物館が多くつくられてきた。

今日でも'MoMA'の略称で親しまれるニューヨーク近代美術館（Museum of Modern Art, 1929年開館）は，美術史にも大きな影響を与えた。初代館長として活躍したアルフレッド・バー・ジュニアは，有名な「モダン・アートのチャート」を作成し，キュビスム，シュールレアリスムなどに至るまでの半世紀間の美術史を大胆に図解した。当時の先進的な画廊や展覧会は，児童画やアフリカの美術工芸品，当時のアカデミーに受け入れられなかった欧米の作家（マルセル・デュシャンなど）の作品を斬新な展示手法で紹介し，観客に新しい美術のあり方をアピールした。その流れを引き継いだ MoMA では，飾りのない白い壁に作品を配列し，その性格は，1939年にバウハウスの様式をまねて新築された建物にも反映された。

　当時はヨーロッパが主流の「美術」に，これまで対象外であったアカデミーに属さない作家や民族芸術なども取り入れ，また一般の観客への教育効果が重視されていた，という意味で，MoMA は画期的であった。そして新しい美術の実験場として，美術館が貢献したことも象徴的である。1935年には映像図書館も設置し，それまでの美術館では扱われなかった映画フィルムを保存し，上映会や講座，貸出しも始めた。フランス絵画の巡回展覧会も1929年から行っている。また，収集や展覧会などの活動は，美術の専門家や学者だけでなく，新聞を中心とするジャーナリズムによって宣伝され，議論されていった。

　その他にもメトロポリタン美術館，ボストン美術館，ナショナル・ギャラリーなど，今日でも影響力のある美術館が創設され，美術館の数は1940年頃には4百館ほどまでに増えた。博物館全体の数も，1965年には4千館を超えるまでになっている。今日でもアメリカは，設置理念や収集の規模，調査研究，展示手法，教育普及活動などのさまざまな面で国際的にも重要な立場にある。

（2）　博物館と教育普及活動

　イギリスのマンチェスター博物館などは，19世紀末には地域の学校や大学と連携した資料貸出し，団体見学の受入れを行っていた。ビクトリア・アンド・アルバート美術館では成人教育機関と協力して，労働者を対象に学術的な内容の講義を開催したり，工業製品などの展示を支援した。美術館の前身であるサ

ウスケンジントン博物館の時代にも，教育展示室や，簡単な展示解説書がつくられた。一般の観客にわかりやすい説明札の大きさや内容，配置についての議論も各国で活発になっている。

しかし，ヨーロッパの博物館が学校との連携や，展示解説などの教育普及活動を本格的に開始するのは第二次世界大戦後，またさらには1970年代以降であるともいわれている。

アメリカでは比較的早い時期から学校や地域団体との連携や講義，講座を実施してきた。博物館はもともとの地域社会を設置の基盤とし，また直接体験や自己表現を重視する新教育運動の影響もあって，教育普及活動の考え方についてヨーロッパとは異なる発展が見られた。運営面でも，博物館の多くは市税からの基金を受けた民間の財団や非営利組織が運営母体となっており，「市民の教育」が強く意識されることになった。地域の学校との連携は一般的であり，ニューヨークのブルックリン植物園では学校生徒の教育のための生態園や公開温室が設けられている。

ボストン子ども博物館など，子どもを対象に実物教育を行う子ども博物館，子ども室が増えてくるのは20世紀に入る頃であった。展示には複製や写真も積極的に活用され，解説員（ドーセント）などの専門職員が置かれた。見学は無料で，野外活動，美術などのクラブ活動にも参加できる。子ども博物館の発達は，ヨーロッパの博物館にも刺激を与えた。

19世紀後半から欧米の列強国によるアジアやアフリカの植民地争奪が本格化した。20世紀初頭には第一次世界大戦も勃発する。帝国主義と呼ばれる政治情勢の中で博物館は，国民の戦意や愛国心をかき立て，また食糧・栄養や科学技術の知識，衛生思想を子どもや女性に普及するための展覧会を開催している。イギリスでは，国立戦争博物館（後の帝国戦争博物館）も1917年に創設され，館長は博物館協会長を兼ねることになった。第一次世界大戦前後の戦時体制は皮肉にも，博物館の教育普及活動を活発にし，一般の人々が地域の博物館を利用する機会を増やしていった。

学校の建物は軍に供用されることが多かったため，博物館に教室がつくられることもあった。イギリスのビクトリア・アンド・アルバート美術館では，教

員組合の女性によって子ども室がつくられ，男の子向けに武器や甲冑，女の子向けに人形や衣装の展示を行った。クリスマスには1万4千人が訪れたほどの人気であった。戦地に赴いた男性職員も多く，代用職員として女性が増え，学芸活動や教育普及活動の補助，監視なども女性のボランティアによって行われた博物館も少なくない。また，戦火を避けるために大都市の博物館では資料を疎開させたが，一般市民のボランティアがこの移送作業を手伝っている。

　特にイギリスでは，教育施設としての博物館の意義は政策的にも注目され，博物館を有効に利用する方法が，教育省や大学，博物館協会などでも熱心に議論された。1918年の教育法で地方の教育委員会が博物館も利用してよいことが明記された。1919年の図書館法は，町や州単位での経費の上限のない博物館の運営や，州教育委員会への運営の譲渡も認められた。成人教育行政でも，教育計画に博物館が含まれるべきだとした。

　行政による博物館の教育的利用の急速な制度化は，博物館協会や現場での混乱を招き，また戦後，地方行政の財政難によって目立った発展に結びつかなかった。しかし20世紀初頭の政治・経済の混乱期が，子どもや地域の教育と博物館との関係を占う試金石となったことは確かであろう。

4. わが国における博物館の発達

（1） わが国における博物館の誕生

　そもそも英語の'museum'を「博物館」や「百物館」などと訳したのは江戸時代の末期，海外に派遣された江戸幕府の奉行たちであった。福澤諭吉は『西洋事情』（明治3年版）の中で「博物館ハ世界中ノ物産古物珍物ヲ集メテ人ニ示シ見聞ヲ博クスル為ニ設ルモノナリ」と紹介した。彼らがロンドンやワシントン，ベルリンで見た大規模で華やかな博物館，博覧会に圧倒されている様子が伝わってくる。わが国の博物館は，明治時代に入って新しい政府が，欧米をモデルに博物館をつくり始めた，といわれている。

　しかし，わが国にも古くから，博物館に類似する施設はあった。例えば，仏

◀江戸時代から続く祭り風景。菊の品評会や，五重塔に奉納された絵馬の公開も行われる。
(撮影：久保内加菜)

2-4図　東京，浅草寺境内

像や仏画，陶磁器などが奉納された寺社の宝物殿がある。東大寺の正倉院はその古い例である。仏殿など，建物そのものもが博物館であったともいえる。近世に入ると，一般の人々も宝物を鑑賞できる寺社の開帳が広く行われた。見世物や出店が並び，たいへんにぎやかであったという。奉納された絵馬や武者絵を公開する絵馬堂もあった。

　平安時代以降も，貴族や武士が美術工芸品を集め，その美しさや技巧を鑑賞する習慣がつくられていった。室町時代以降，武士の間でも普及してきた茶道は，親しい仲間内で茶碗や書画，料理，庭の造りなどを併せて楽しむ，鑑賞や批評の場となった。これらの鑑賞や収集のあり方は，欧米の歴史に通じるところがある。一方，農民や職人，商人などの庶民の間では，信仰や祭りに見られる独自の豊かな文化が形づくられていった。

　江戸時代中期になると，薬草（植物標本）や化石，剥製などを集める「本草学」や「物産学」などと呼ばれる同好者の集まりが盛んになってくる。文政期には，尾張の本草学者，伊藤圭介が開いた博物会など，一般の武士や町人でも自由に見物できる物産会，本草会，奇石会などの展覧会が開かれるようになった。

この本草学や物産学は，明治期以降も博物学としてその伝統が引き継がれていく。伊藤圭介と親しく，行動力も好奇心も旺盛な田中芳男は明治政府のもと，全国の動植物，鉱物，美術工芸品などを調査・収集して招魂社（靖国神社）で物産会を開いたり，後に文部省内につくられた博物局の職員として，湯島聖堂内に観覧場を設け，明治5（1872）年から一般に公開している。この「文部省博物館」は，わが国の博物館の先駆けである。

　わが国においても，いわゆる近代政府の成立とともに，多くの物品や情報が集められて国立の大規模な博物館が誕生した。博覧会も大きな刺激を与えた。政府として初めてウィーン万国博覧会に出品するため，明治6（1873）年，太政官内に博覧会事務局がつくられた。文部省博物館や書籍館など，関連する施設が併合され，名古屋の鯱，鉱山の模型，サンショウウオ，肖像画など，あらゆる分野の物品が全国から集められた。上野では明治10（1877）年に初めての内国勧業博覧会が，翌年からは日本美術協会の美術展覧会が開かれている。上野竹の台の陳列館が展示に利用され，明治40（1907）年には文部省美術展覧会（文展）も始まっている。欧米の影響を受けた産業技術や美術工芸品の技法が披露され，見物人も多く訪れた。海軍省の参考館や陸軍省の遊就館，農商務省の商品陳列館などの関連施設も増えた。

　明治政府が主導した博覧会・展覧会の開催や，収集，調査，美術政策は，今日の東京国立博物館，京都国立博物館，国立科学博物館などの主要な国立博物館の基盤になり，その後の博物館の発展に先導的な役割を果たしていった。

（2）　教育，娯楽と博物館

　江戸時代の「本草会」や「薬品会」などに見られるように，博物館的な施設の始まりは庶民の趣味や娯楽に根づいたものであった。小説や版画が庶民の間に出回り，見世物小屋の見物や歌舞伎などの芸能を楽しんだ。武士階級だけでなく商人の間でも，美術工芸品の品評会や幻燈会を催していた。寺子屋や藩校などに代表される独自の教育制度もあって，諸外国に比べて識字率や文化の享受の度合いは高かったといわれている。

　確かに明治期以来，わが国の博物館は欧米の博物館をモデルに，政府の主導

により設置されていったが，古くからの教育や娯楽の様式に基づいて独自の発達をしている。生人形や油絵，動植物や鉱物の標本が整然と並べられた展覧会場は，見世物小屋の様式に似ていることが指摘されている。

　明治期後半になると，写真や映像の技術を応用したパノラマ館や映画館がたいへんな人気を呼んだ。文部省の教育博物館（後の国立科学博物館）では，日本の博物館の父と呼ばれる棚橋源太郎が実質的な館長として活躍したが，実験や観察のできる教育展示とともに，映画や見世物などの大衆娯楽の様式を積極的に取り入れ，多くの人々に来館をうながし，衛生や生活合理化，科学技術の知識や技術を伝えようとした。

　棚橋源太郎は，東京高等師範学校（後の東京教育大学）教授として理科教育の分野でも活躍していた。当時，師範学校付属であった教育博物館の主事に任命された後，留学して欧米の先進的な博物館や博覧会，学校現場を視察した。その経験をもとに教育博物館を専門的な科学博物館に変え，社会教育施設としての役割をアピールした。その後は日本博物館協会の設立など，わが国の博物館の発達に大きな功績を残している。

　大正期に，教育博物館では多くの特別展覧会が開催されている。積極的に一般大衆を呼び入れるアメリカの運営方針をモデルにしているが，展示方法は独自の展開をとげた。家庭生活の改善など，庶民生活に身近なテーマを設け，展示品を公募する。省庁や学校，青年団体などが手製の展示品や解説パネルを持ち込み，実演や試食会，廉売会なども行っていた。映画や幻燈の上映会，講演会も行い，たいへんな人気を集めた。

　一方，美術界の発展にともなって，美術団体の作品の展示するための美術館の設立運動も盛んになった。東京府主催で上野で開かれた博覧会をきっかけに，大正15(1926)年には東京府美術館（後の東京都美術館）が設置された。

　展覧会は全国でも開かれるようになり，地方行政，学校，教育会や婦人会などの団体にとっても博物館の社会教育施設としての役割が強く理解されるようになった。青少年や職人の制作品の展示や，展覧会，音楽会，幻燈会などと抱き合わせた教育講演会などが社会教育の施策として広く行われれた。名和昆虫博物館や大原美術館，京都市立美術館など，私立，公立館も多く設立されてい

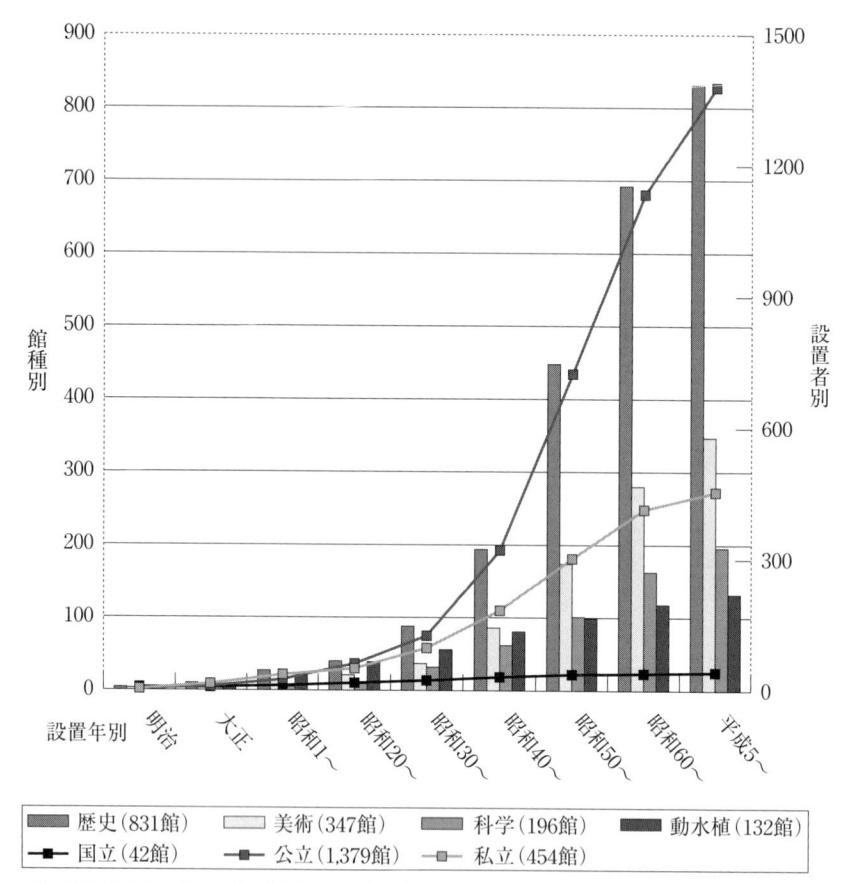

[グラフ: わが国における博物館数の推移]

凡例:
- 歴史（831館）
- 美術（347館）
- 科学（196館）
- 動水植（132館）
- 国立（42館）
- 公立（1,379館）
- 私立（454館）

＊設置年は年号別。昭和20年以降は10年ごと。全1,875館。
＊日本博物館協会編『日本の博物館の現状と課題』（博物館白書平成11年度版）1999.11 p.ii, 9 より作成。

2－5図　わが国における博物館数の推移

る。しかし，多くの博物館は資金難や，政治的・社会的な理解不足に悩まされ，博物館法の制定も第二次世界大戦後のことであった。

（3）　現代の博物館

　日本の博物館は，明治・大正期を通して欧米の博物館や文化行政をモデルに導入され，その後内務行政や教育行政のなかでおもに国立博物館が育っていく。

しかし政府や自治体，また一般の人々にとって，博物館の存在は十分に理解されていなかったと言えるだろう。そうした博物館の位置づけやイメージは，第二次世界大戦後に大きく転換していく。

まず，博物館法が昭和26(1951)年に制定され，博物館は日本国憲法のもと，社会教育施設として位置づけらる。ただし，昭和24(1949)年に法隆寺金堂が炎上し，その翌年に博物館法に先駆けて制定された文化財保護法は大きな影響を残すことになった。国立館はこの法律の対象となり，結果として博物館法は，登録館が公立と私立に限られるなど，バランスを欠いたものとなる。

第2の転換は，1960年代頃から博物館の建設が相次いだことである（2-5図）。特に公立館の増加は著しく，豊かな地方経済を背景に資料や施設をめぐる市場関係が大幅に塗り替えられた。昭和43(1968)年には文部省内に文化庁が発足し，全国的に文化行政を社会教育行政から独立させる動きが見られ，折しも同年が「明治100年」にあたるため記念事業が計画されやすいこともあって公立館設立がうながされた。大型の都道府県立館が目立ち，昭和48(1971)年には，博物館法を補完する形で「公立博物館の設置及び運営に関する基準」が告示されている。

また，博物館の利用者も急増する。東京国立博物館の「ツタンカーメン展」（1965年）が130万人の入館者を集めたように，新聞社などと連携した大型の展覧会が成り立つようになった。国立民族学博物館設立の契機となった大阪の日本万国博覧会（1970年）は，6,420万人の入場を記録している。

さらに1980年代に入ると，比較的小さな規模の市町村立館も増えていく。学校児童の受け入れや各種の講座，友の会活動など，教育普及活動への積極的な取り組みが定着していくのもこの頃である。

平成15(2003)年には，政策的な規制緩和や地方分権の動きとともに，設置者や運営者，活動内容もより多様化した博物館の現状を背景に，昭和48年の設置基準が大幅に改正された。世界では数万の博物館があるが，それらの機能や活動は社会の動きのなかでいまだに変容しつつある。

主に近代以降の博物館史を概観したが，本章で十分にふれることのできなかった詳細については，巻末の参考文献リストを参照していただきたい。

第3章
博物館を支えるしくみ

1. 博物館をめぐる諸制度

　博物館は，人々の生涯学習の場であるとともに，文化の向上，文化財の保護といった社会的な役割を果たしている。言い換えれば，いかに多くの学術的・歴史的資料を収蔵していたとしても，社会を遊離した施設であれば博物館とはいえない。個人であれ組織・機関であれ，それが社会的な存在であれば，社会の中で存立しうるための制度が用意されているように，博物館についても，これにふさわしい制度が用意されている。わが国の博物館については，博物館法をはじめとする関係法令が，博物館の社会における位置づけを明らかにしている。また，こうした法令などに基づき，国や地方公共団体の支援が行われている。ここではしくみという言葉で，博物館とこれをめぐる，法令，予算，税制等の博物館を支える行政制度等との関係について述べるとともに，博物館法及び関係政省令の内容について詳しく検討する。

(1) 博物館関係法令

　博物館は誰でも自由に設置することができる。「博物館」という文字を名称の中に用いた商業施設や遊技施設を設置することも自由である。これは，博物館法その他において「博物館」の名称使用を制限していないことによる。しかしながら，国として奨励，援助すべき博物館については，その対象を明らかにしていくことが行政上必要であり，このための法令が定められている。法令とは，法律と命令のことである。

　博物館については，教育基本法，社会教育法，博物館法等の法律，及び博物

館法施行令（政令），博物館法施行規則（文部科学省令），自治体の定めた博物館に関連する条例（一般的には博物館設置管理条例といわれている）等の命令が存在している。その他，文部科学省の通知，通達や自治体が定めた規則等がある。なお，博物館は，社会教育のための施設としての性格のほか，文化施設，研究施設，さらには娯楽施設としての性格も有しているが，体系的に法令が定められているのは社会教育施設としての博物館である。

　教育基本法（昭和22年）は，第7条において社会教育の振興を挙げ，「国及び地方公共団体は，図書館，博物館，公民館等の施設の設置，学校の施設の利用その他適当な方法によって教育の目的の実現に努めなければならない。」としている。この教育基本法の精神に則り，昭和24(1949)年に社会教育法が制定された。社会教育法は，社会教育に関する国および地方公共団体の任務を明確にしている。その第3条において「国及び地方公共団体は，この法律及び他の法令の定めるところにより，社会教育の奨励に必要な施設の設置及び運営，集会の開催，資料の作製，頒布その他の方法により，全ての国民があらゆる機会，あらゆる場所を利用して，自ら実際生活に即する文化的教養を高め得るような環境を醸成するように努めなければならない。」とするとともに，第9条において「図書館及び博物館は，社会教育のための機関とする。」「図書館及び博物館に関し必要な事項は，別に法律をもって定める。」と規定している。この規定を受け，昭和26(1951)年に博物館法が成立した。こうした一連の法律により，博物館は社会教育の施設としての位置づけが明確にされるとともに，国および地方公共団体の任務として，博物館の設置・運営や博物館の支援が規定された。なお，社会教育施設である公民館については社会教育法により，図書館については図書館法（昭和25年）により種々の規定が定められている。

　博物館法では，学芸員，公立博物館，私立博物館，博物館の登録制度，国および地方公共団体の果たすべき事務等が定められている。また，この法律において，行政が奨励・援助すべき博物館（登録博物館及び博物館に相当する施設）が定義されている。博物館法に基づき，博物館法施行令，博物館法施行規則が定められており，博物館の補助，学芸員の資格取得のために大学で修得すべき科目に関すること等の詳細が規定されている。

このように博物館は，法令上は主として社会教育の施設として位置づけられているが，実体的にはこの法令を超えた範囲で存在している。同じような科学展示を行い，科学の体験，学習を提供する施設であっても，それを「科学博物館」と呼ぶ場合もあれば，「科学館」と呼ぶ場合もある。さらには，科学館の名称を用いながら博物館として登録されている施設もある。美術作品，国宝，文化財を収蔵，展示，研究する施設が必ずしも博物館として登録されているとは限らない。すなわち，「博物館」には，普遍的な定義は存在しないのである。博物館法第2条には「博物館の定義」が規定されているが，これは，社会教育行政としての博物館行政を遂行する上で必要な「博物館」を法律上明らかにしたにすぎないのである。

　近年，生涯学習という考え方が広まり，個々人の主体的な学習が重視されるようになってきている。平成4（1992）年7月の文部省生涯学習審議会の答申では，生涯学習社会を「人々が，生涯のいつでも，自由に学習機会を選択して学ぶことができ，その成果が社会において適切に評価される」ような社会として定義している。博物館は，実物資料を通して人々が自由に学習できる，まさに生涯学習の拠点のひとつである。このようなことから，法令上，博物館は社会教育施設であっても，これを生涯学習施設としてとらえた方が理解しやすい。

　ならば，なぜ法律は「博物館」を定義しようとするのか。それは，振興する対象を明確化するためである。そこに行政の意図が存在する。「歴史，芸術，民俗，産業，自然科学等に関する資料を収集し，保管（育成を含む，以下同じ。）し，展示して教育的配慮の下に一般公衆の利用に供し，その教養，調査研究，レクリエーション等に資するために必要な事業を行い，あわせてこれらの資料に関する調査研究をすることを目的とする機関（一部略）」という博物館法第2条第1項で明らかとなっている行政の意図とは，単に「収集する」「展示する」だけの施設は「博物館」としての奨励，援助の対象にはしないということにある。博物館資料に関する調査研究をもあわせて行うこと，「教育的配慮の下に」一般公衆の利用に供する能力などを兼ね備える施設のみが，奨励，援助の対象として定義づけられているのである。

3-1表　種類別博物館数（登録博物館及び博物館相当施設）　　　（施設）

区分	計	総合博物館	科学博物館	歴史博物館	美術博物館	野外博物館	動物園	植物園	動植物園	水族館
平成2年度	799	96	81	258	252	11	35	21	7	38
平成5年度	861	109	89	274	281	9	31	22	9	37
平成8年度	985	118	100	332	325	11	33	18	9	39
平成11年度	1,045	126	105	355	353	13	28	16	10	39
平成14年度	1,117	141	102	382	381	11	31	17	10	42
（構成比）	(100.0%)	(12.6%)	(9.1%)	(34.2%)	(34.1%)	(1.0%)	(2.8%)	(1.5%)	(0.9%)	(3.8%)
増減数	72	15	△3	27	28	△2	3	1	−	3
伸び率(%)	6.9	11.9	△2.9	7.6	7.9	△15.4	10.7	6.3	−	7.7

(注)　「総合博物館」とは，人文科学及び自然科学に関する資料を，「科学博物館」とは，主として自然科学に関する資料を，「歴史博物館」とは，主として歴史及び民俗に関する資料を，「美術博物館」とは，主として美術に関する資料を，それぞれ収集・保管・展示するものをいい，「野外博物館」とは，戸外の自然の景観及び家屋等の形態を，「動物園」とは，主として動物を，「植物園」とは，主として植物を，「動植物園」とは，動物・植物を，「水族館」とは，主として魚類を，それぞれ育成してその主体を展示するものをいう。

3-2表　種類別博物館類似施設　　　（施設）

区分	計	総合博物館	科学博物館	歴史博物館	美術博物館	野外博物館	動物園	植物園	動植物園	水族館
平成2年度	2,169	126	180	1,459	246	17	44	54	13	30
平成5年度	2,843	129	213	1,915	370	29	50	80	21	36
平成8年度	3,522	177	283	2,272	520	48	51	111	19	41
平成11年度	4,064	219	330	2,561	634	71	65	128	17	39
平成14年度	4,243	225	342	2,708	651	85	62	124	13	33
（構成比）	(100.0%)	(5.3%)	(8.1%)	(63.8%)	(15.3%)	(2.0%)	(1.5%)	(2.9%)	(0.3%)	(0.8%)
増減数	179	6	12	147	17	14	△3	△4	△4	△6
伸び率(%)	4.4	2.7	3.6	5.7	2.7	19.7	△4.6	△3.1	△23.5	△15.4

(出典：3-1,2表とも，文部科学省「平成14年度社会教育調査中間報告の概要」
http://www.mext.go.jp/b_menu/toukei　2004.2.7最終アクセス）

（2）　博物館の区分と設置主体

博物館法により博物館は，①登録博物館，②博物館に相当する施設（一般に「博物館相当施設」といわれている）に区分される。また，文部科学省の社会教育調査において調査される③博物館類似施設がある。ちなみに，平成14(2002)年10月1日現在の施設数は，登録博物館816館，博物館相当施設301館，博物館類似施設4,243館となっている。

① 登録博物館……博物館法第2条に規定する博物館。（博物館法に基づき，博物館資料，職員，施設，事業内容に係る審査を経た上で，国民の教育，学術，文化の発展に寄与するものとして登録されたもの。）

② 博物館相当施設……博物館法第29条に規定する博物館に相当する施設。（博物館法に基づき，登録博物館の事業に類する事業を達成するために必要な資料，職員，施設，事業内容に係る審査を経た上で，博物館に相当する施設として指定されたもの。）

③ 博物館類似施設……博物館法の適用を受けない施設であるが，登録博物館と同種の事業を行い，博物館相当施設と同等以上の規模の施設。

博物館の設置主体はさまざまであり，国（国立），地方公共団体（公立），公益法人，宗教法人，株式会社，個人等が博物館を設置している。上記②の博物館相当施設，③の博物館類似施設については，その設置主体について制限がない。①の登録博物館については，博物館法第2条において「この法律において「博物館」とは，……（中略）……地方公共団体，民法（明治29年法律第89号）第34条の法人，宗教法人又は政令で定めるその他の法人が設置するもので第2章の規定による登録を受けたものをいう。」とされ，設置主体に制限を設けている。また，博物館法第19条において「公立博物館は，当該博物館を設置する地方公共団体の教育委員会の所管に属する。」とされており，知事や市町村長という地方公共団体の首長部局の所管に属する施設は，博物館として登録できない。

博物館の種類については，博物館法では，歴史，芸術，民俗，産業，自然科学が例示されているが，前述の社会教育調査では，総合博物館，科学博物館，歴史博物館，美術博物館，野外博物館，動物園，植物園，動植物園，水族館に分類されている。平成14年度調査中間報告によれば，博物館（登録及び相当）で多い館種は，歴史が382館，美術が381館とほぼ同数である（3－1表）。博物館類似施設については，歴史が2,708館と圧倒的に多くなっている。地方公共団体の多くが歴史系の博物館類似施設を設置していることによるものである。

（3） 国立・公立博物館の設置法令

(1)の博物館関係法令において，博物館の一般的な法令等について記述したが，国立，公立（都道府県，市町村立）の博物館についてはその設置や管理・運営が法令により定められている。

従来，国立の博物館は国の行政組織の一部であった。したがって，国家行政組織法を頂点に，各省の設置法，組織令（政令），設置法施行規則（省令）といった法令により，国立の博物館は設置・運営されていた。例えば，国立科学博物館，東京，京都及び奈良の国立博物館，東京及び京都の国立近代美術館，国立西洋美術館，国立国際美術館が文部省組織令（政令）により設置されていた。しかしながら，国における行政改革の一環として，「独立行政法人」という新たな組織形態がわが国に導入されたことを受け，上記の博物館は「独立行政法人」へと改組された。

「独立行政法人」とは，「国が自ら主体となって直接に実施する必要のない業務のうち種々の理由により民間にゆだねることが適切でない業務」を遂行するため個別法により設置される法人である。具体的には，独立行政法人通則法第2条1項において，「国民生活及び社会経済の安定等の公共上の見地から確実に実施されることが必要な事務及び事業であって，国が自ら主体となって直接に実施する必要のないもののうち，民間の主体にゆだねた場合には必ずしも実施されないおそれがあるもの又は一の主体に独占して行わせることが必要であるものを効率的かつ効果的に行わせることを目的として，この法律及び個別法の定めるところにより設立される法人」と規定されている。また，同条第2項には，「特定独立行政法人」が定められている。同項では，「特定独立行政法人」を，「独立行政法人のうち，その業務の停滞が国民生活又は社会経済の安定に直接かつ著しい支障を及ぼすと認められるものその他当該独立行政法人の目的，業務の性質等を総合的に勘案して，その役員及び職員に国家公務員の身分を与えることが必要と認められるものとして個別法で定めるもの」としており，一般的には，「公務員型」の独立行政法人と呼ばれている。なお，公務員型でない場合は，非公務員型と呼ばれている。

独立行政法人通則法を受け，文部科学省の所管する国立博物館も平成13(2001)年に独立行政法人化された。国立科学博物館は，単独で独立行政法人に移行したが，東京国立博物館，京都国立博物館，奈良国立博物館の3館は「国立博物館」に，東京国立近代美術館，京都国立近代美術館，国立西洋美術館，国立国際美術館の4館は「国立美術館」に統合された。いずれも公務員型の独立行政法人である。

　このように，現在国立の博物館は独立行政法人化されているが，本質的な機能には変化はない。また，国立博物館，国立美術館として統合された各博物館，各美術館についても，それぞれ，従来からの名称で存在している。すなわち，東京国立博物館は独立行政法人国立博物館の一部，京都国立近代美術館は独立行政法人国立美術館の一部として活動を続けている。

　こうした国立の博物館の他に，国立学校設置法，国立学校設置法施行令及び国立学校設置法施行規則により，国立大学の附属博物館や大学共同利用機関としての博物館が設置されている。国立民族学博物館及び国立歴史民俗博物館は大学共同利用機関としての博物館であり，これらの機関は「大学における学術研究の発展及び資料の公開等一般公衆に対する教育活動の推進に資する」ための機関（国立学校設置法施行令第8条）とされている。平成16(2004)年に行われる大学の法人化に伴い，こうした博物館の法令上の位置づけも変更される。

　地方公共団体の設置する博物館は，各地方公共団体の条例により設置されている。条例の形態は多様であり，教育機関設置条例を制定し，この中で県内の博物館を一括して規定し詳細は教育委員会規則等に委ねるものや，個別の博物館設置条例を制定し，設置，業務，観覧料，職員，博物館協議会まで定めるものもある。

（4）　博物館関連の予算

　博物館を設置，支援するための国の予算，税制等については毎年度の予算編成により決められるものである。ここでは平成15(2003)年度予算に盛り込まれる諸制度について記述する。

　国の博物館に対する予算措置はさまざまである。大きなものとしては，独立

行政法人化された各国立の博物館に対する運営費交付金である。独立行政法人博物館・美術館の運営，すなわち収蔵，展示，研究等の活動に要する資金，人件費，施設の維持管理に必要な経費は，主としてこの交付金によりまかなっている。こうした，独立行政法人の運営，施設整備に加え，学芸員の研修，博物館に関する調査研究，巡回展の実施，博物館機能を生かしたさまざまな活動支援等の予算が計上されている。こうした経費は，公立，私立の博物館に対する支援措置として重要なものになっている。

　公立博物館については，当然その設置主体である地方公共団体が責任を負っている。設置，運営（収蔵，展示，研究等）予算は，地方公共団体の予算により支弁されている。しかしながら，公立の博物館数が大きく増加したこと，地方財政が逼迫していることなどから，公立博物館の運営はなかなか簡単ではない状況にある。従来は，文部省が公立博物館の施設整備についての補助も行っていたが，この補助については，平成9 (1997)年度をもって廃止となっている。この制度は博物館のみならず，公民館，図書館等の社会教育施設（建物）の整備に対する補助制度であったが，社会教育施設の整備が相当程度進んだこと，地方公共団体の施設については地方が自由に設置するべきという地方分権の観点，地方自治体の起債による建設の方が，補助金に比べてメリットが大きいことなどの理由により廃止に至った。この施設補助を廃止した替わりに，博物館の情報化関連設備等の整備に対する補助，学芸員の研修の支援，モデル事業等が大幅に充実された。いわゆる箱もの（建物等）補助の見直し，ハードに対する支援からソフトに対する支援への転換が進んでいる。

　このうち，博物館学芸員等，博物館を支える人材の資質の向上施策としては，生涯学習政策局において，社会教育研修支援事業として，都道府県が実施する学芸員を含む社会教育関係者の研修事業への補助を行うとともに，国費により博物館学芸員等を海外の博物館に派遣し，高度で専門的な知識の習得等を支援している。また，文化庁においても，キュレーター研修，重要文化財等公開活動推進のための学芸員研修等を行っている。

　また，博物館機能を利用したモデル事業としては，科学系博物館の学習資源・教育機能に着目し，学校や公民館と連携して地域における学習活動・博物

機能を活性化させるとともに，子どもの理科離れを防止・解消しようとする事業が行われている。

こうした事業は，博物館の機能のうち教育普及活動を重視した施策である。いわゆる収蔵，公開を中心とした従来型の博物館から，地域に開かれ，地域の人々の学習を支援する博物館への展開を推進するものである。

(5) 私立博物館の財政基盤の強化

前述した予算のうち，学芸員等の研修やモデル事業等は公立，私立を問わず実施されており，私立博物館に対する支援施策ともなっている。この他私立博物館の財政基盤を強化するための支援措置として，①税制上の優遇措置，②日本政策投資銀行による低利融資制度が用意されている。

私立の登録博物館の設立母体は，社団法人，財団法人，もしくは宗教法人であることから，私立博物館は公益法人一般に対する税制上の優遇措置を受けることができる。こうした一般の優遇措置に加え，私立の登録博物館を設置運営する公益法人に対しては，いくつかの税制上の優遇措置がある（3－3表）。相続・遺贈により取得した財産を登録博物館へ贈与した場合の相続税の非課税措置，固定資産税等の地方税の非課税措置，標本等の輸入関税の免除，登録博物館の新増改築の費用に充てるための募金に関する指定寄付金としての扱い，登録博物館の設置運営法人の特定公益増進法人への認定等が主な優遇措置である。公益法人に対する寄附金については，ある限度額まで寄附者の所得から控除され，寄附者の納税額が少なくて済むようになっている。指定寄附金の指定や特定公益増進法人の認定を受けると，この所得控除の限度額が通常の公益法人より大きくなることから，指定や認定を受けた法人に対する寄附が集まりやすくなる。

税制上の優遇措置の他に，政府系の金融機関による低利の融資制度が用意されている。この制度は，文化関連施設を対象とした制度であり，この中に登録博物館，博物館相当施設が含まれている。博物館等の施設・設備（土地，建物，構築物，機械器具等）を取得しようとする財団法人，第三セクターに対し，日本政策投資銀行が必要な資金を低利融資するものである。

3-3表　登録博物館を設置運営する民法法人に係る税制上の優遇措置（平成14年度）

関係法令	優遇措置の内容
［特定公益増進法人］ 所得税法（第78条第2項第3号） 所得税法施行令（第217条） 法人税法（第37条第4項第3号） 法人税法施行令（第77条）	下記①，②の要件を満たす登録博物館の設置運営を主たる目的とする民法法人が所得税法等に規定する要件を満たした場合に特定公益増進法人に認定される。 ①年間開館日数が原則250日以上 ②週に一日以上は児童生徒の入場料を無料にするなど，青少年，親子等の利用に対する優遇措置を講じること
［指定寄付金］ 所得税法（第78条第2項第2号） 所得税法施行令（第216条） 法人税法（第37条第4項第2号） 法人税法施行令（第76条）	登録博物館の新増改築の費用に充てるために行う募金について，所得税法等に規定する要件を満たした場合に指定寄付金の適用を受けることができる。
租税特別措置法（第70条） 租税特別措置法施行令 　　　　　　（第40条の3）	相続又は遺贈により取得した財産を登録博物館の設置運営を主たる目的とする民法法人に贈与した場合，相続税は課税されない。
地方税法	・都府県民税非課税（第25条） ・市町村民税非課税（第296条） ・不動産取得税非課税（第73条の4） ・固定資産税非課税（第348条） ・事業所税非課税（第701条の34） ・都市計画税非課税（第702条の2）
租税特別措置法（第33条ほか） 土地収用法（第3条）	土地等を譲渡された場合，譲渡者について譲渡所得の5,000万円の特別控除又は代替資産の取得に伴う特例の適用がある。
関税定率法（第15条）関税定率法施行令（第17条）	標本等として用いる物品を輸入し又は寄贈された場合，関税は免除される。

※　公益法人であることによる優遇措置は除いてある。

（出典：文部科学省資料）

（6）　審議会の答申・報告

　文部科学省・文化庁の審議会等が博物館に関する報告をまとめている。博物館関連法令，予算，税制等がある種の拘束力を持つのに対し，こうした報告は

拘束力を有していないが，公私立の博物館にとって運営の指針となるものである。また，審議結果を受け，法令が改正される場合もある。

　社会教育審議会は「博物館の整備・運営の在り方について」平成2（1990）年に報告しているが，博物館が，これからの生涯学習時代において期待される役割を十分に果たし，利用者に「親しまれる」「開かれた」博物館としていっそう発展するため，その整備運営のあり方などをとりまとめている。

　また，平成8（1996）年の生涯学習審議会社会教育分科審議会は「社会教育主事，学芸員及び司書の養成，研修等の改善方策について」報告しており，この中で学芸員の資質の向上を図るため，その養成内容の改善・充実と資格取得方法の弾力化，研修内容の充実と研修体制の整備，高度な専門性の評価などについて取りまとめている。この報告を受け，平成9（1997）年に博物館法施行規則が改正され，学芸員となる資格を取得するために大学において修得すべき科目・単位が改定された。

　さらには，平成10（1998）年9月の生涯学習審議会答申「社会の変化に対応した今後の社会教育行政の在り方について」において，「博物館の種類を問わず現行のような定量的かつ詳細な基準を画一的に示すことは，現状に合致しない部分が現れている。このため，現在の博物館の望ましい基準を大綱化・弾力化の方向で見直すことを検討する必要がある。」との指摘がなされ，平成15（2003）年6月に新たな「公立博物館の設置及び運営上の望ましい基準」が文部科学大臣名で告示されている。

　文化庁でも，美術館・博物館に関する報告を出しており，平成8（1996）年（その後改訂）には「21世紀を目指した美術館・博物館の振興方策（ミュージアム・プラン）」をとりまとめ，全国の美術館・博物館をより魅力あるものとすることが重要であるとして，その機能を充実，活性化の方策について提言している。

　また，文化芸術振興基準法に基づく「文化芸術の振興に関する基本的な方針」を定めるための審議が文化審議会において行われ，平成14（2002）年12月に答申がなされている。この基本方針の中で，「美術館，博物館，図書館等の充実」として，「国民の要望の多様化，高度化を踏まえ，美術館・博物館が優れた文化

芸術の創造，交流，発信の拠点や，地域住民の文化芸術活動の場として積極的に活用され，その機能・役割が十分に発揮できるよう施策を講ずる。」とされた。具体的な施策としては，
(1) 美術館・博物館活動の円滑化・活発化等のための法整備等の検討，
(2) 寄附等に係る税制上の措置などによる所蔵品の充実や安定した運営，
(3) 利用者の要望に対応したサービスの向上や，登録美術品制度の活用，
(4) 美術館・博物館の展示等への支援を充実，学習機能の充実，他の美術館・博物館，社会教育施設，学校等との連携促進，
(5) 国立美術館・博物館における国内外の美術館・博物館の連携の中核的・指導的機能の充実，
(6) 学芸員等の資質向上のための研修の充実，
(7) 優れた文化財，美術品等の積極的な公開・展示を進めるためのIT（情報通信技術）等の活用，

などが挙げられている。

(7) 博物館関連団体

　わが国の国公私立博物館は団体を組織し，博物館の振興のための種々の活動を行っている。全国的な組織としては，財団法人日本博物館協会が全国的な博物館の統括団体となっており，各種調査研究事業として国内外の博物館調査や博物館白書の刊行，会誌『博物館研究』の発行，博物館職員（庶務系部門及び学芸部門）の研修会，全国博物館大会の開催等を実施している。また，科学系博物館は全国科学博物館協議会（任意団体），動物園・水族館は社団法人日本動物園水族館協会，植物園は社団法人日本植物園協会を組織し，調査研究，会誌発行，研修会の開催等を行っている。また，県レベルの博物館協会も組織されている。

　博物館は，専門分野，活動内容も多様であり，かつ高度なものである。学芸員が参加する学会活動等も多岐にわたる。こうした多様で広範な博物館活動を支えるためには，多数の博物館が結集して調査研究，研修等を積極的に行うことが必要である。また，欧米でもこうした博物館協会が存在している。わが国

の博物館の発展のためにも，こうした団体活動の活発化が期待されており，文部科学省も事業活動を支援している。

2. 博物館法の枠組み

(1) 博物館法の概要

a. 博物館法の成立

わが国の博物館法体系は，博物館を社会教育のための施設として位置づけている。戦前の社会教育は学校教育の従属的な地位にあり，また，内容面においても思想指導的な色彩もあった。戦後，わが国に民主主義を確立するため，占領軍を中心にさまざまな民主化政策が導入されていったが，その重要な柱が社会教育であり，成人，青少年等に対する民主主義教育が実施された。終戦直後の昭和20(1945)年9月に文部省は「新日本建設の教育方針」を発表し，また，同年11月の局長通牒により従前の思想指導委員会の廃止を指示している。翌昭和21(1946)年には公民館の設置について次官通牒を発出し，全国に社会教育の拠点となる公民館の設置を呼びかけた。教育関連の法律としては，昭和22(1947)年の教育基本法，学校教育法，昭和23(1948)年の教育委員会法に続き昭和24(1949)年に社会教育法が成立している。

こうした教育改革を推進した大きな力は，連合軍総司令部（GHQ）であるが，GHQの教育行政に関する考え方の基礎となったのが米国教育使節団の報告である。使節団は昭和21(1946)年及び昭和25(1950)年の2回にわたり来日し，GHQに対して報告書を提出し勧告した。この第一次報告（昭和21年3月）では，民主主義国家における社会教育の役割の重要性を強調し，PTA，学校開放，図書館・博物館の重視などを勧告している。

このような一連の流れの中で博物館法は成立した。社会教育法は，社会教育における国及び地方公共団体の任務を明確にしたものであり，その中に公民館の目的，事業，職員，補助金等の詳細が盛り込まれたが，図書館及び博物館については，第9条において「図書館及び博物館は，社会教育のための機関とす

る。」とされ，博物館の社会教育施設としての位置づけが明らかにされたものの，具体的な事項については「別に法律をもって定める」とされるにとどまった。この社会教育法の規定を受け昭和25(1950)年に図書館法，昭和26(1951)年に博物館法が成立した。なお，博物館法は政府提出の法案ではなく，議員立法として提案されている。

　この間の昭和25(1950)年には文化財保護法が制定されている。文化財保護法については，昭和24(1949)年1月，世界の宝といわれた法隆寺金堂壁画が焼失したことなどを受け，その制定が急がれていた。この文化財保護法の成立に伴い国立博物館の所管が文化財保護委員会（当時）の所管とされた。東京国立博物館が文化財保護委員会の所管になることについては，その性格上博物館は独立した存在であるべきとして多くの博物館関係者が異を唱えたが，結果的にわが国を代表する東京国立博物館が博物館法の体系外に置かれることとなった。

　博物館法の成立が遅れた理由はいくつかあるが，一つには，国立の博物館の扱いの問題である。博物館法の構想当初は，国，公，私立のすべての博物館を対象とする総合的な法律を目指していた。しかしながら国立の博物館は，それぞれ各省の設置法を根拠に設置されていることなどから，博物館法の下に位置づけることが見送られた。もうひとつの理由が，科学，歴史，芸術，動物，水族，植物等，さまざまな館種があり，規模・水準もまちまちな博物館をひとつの法律の中に組み入れることの難しさである。館種については，従来の博物館（貴重な資料の収集・展示）のイメージとは異なる動物園や植物園を博物館法の体系化に組み入れ，娯楽・観光施設ではなく教育施設としての位置づけを明確にすることが図られた。また，博物館の発展を考えれば，博物館の定義を高い水準に設定することが望ましいが，そうすると脆弱な私立博物館などは博物館法で奨励・援助することができなくなってしまう。戦争で弱体化した博物館が，その資産を売却せざるを得ないような状況の中，税制面などで博物館を支援していくことが緊急の課題となっており，まずは当時の水準に合わせた博物館法が制定されるに至った。博物館法の成立を受け，公立の博物館に対する補助，私立博物館に対する各種税制面での優遇措置，博物館資料輸送の際の国鉄料金の割引措置等の支援措置が実現した。[1]

b. 博物館法の変遷

現在の博物館法は，5章29条（うち第7，9，17，25条は削除）からなっている。当初の法律は4章28条であったが，数次の改正を経て現行法となった。主な改正は次のとおりである。

昭和26(1951)年12月	博物館法制定	
昭和30(1955)年7月	一部改正	
	・博物館の設置者の整理（2条1項）	
	・学芸員及び学芸員補の資格の整備（5条，6条）	
	・博物館相当施設の明記（29条）	
昭和31(1956)年6月	「地方教育行政の組織及び運営に関する法律」の施行に伴う一部改正	
	・都道府県教育委員会による私立博物館に対する指導，助言（27条第2項）	
昭和46(1971)年6月	「許可，認可等の整理に関する法律」の施行に伴う一部改正	
	・国立以外の博物館相当施設の指定の都道府県教育委員会への委任（29条）	
昭和61(1986)年12月	「日本国有鉄道改革法等施行法」による一部改正	
	・博物館資料の国鉄による輸送に関する運賃及び彫金に関する特例規定の削除（9条）	
平成3(1991)年4月	「国立学校設置法及び学校教育法の一部改正」による一部改正	
	・学士の称号→学士の学位（第5条1項1号）	
平成5(1993)年11月	「行政手続法の施行に伴う関係法律の整備に関する法律」による一部改正	
	・博物館の登録の取消に係る陳述規定の削除（14条2項）	
平成11(1999)年	「地方分権の推進を図るための関係法令の整備等に関する法律」による一部改正	
	・教育委員会の登録博物館に関する文部大臣に対する報告義務の削除（第17条）	
	・社会教育改正法に伴う準用規定（博物館協議会委員）の	

前頁1) 川崎繁「博物館法の思い出」『博物館研究』Vol.14 No.5 1979.

	削除（第22条）
	「中央省庁等改革関係法施行法」による一部改正
	・文部大臣　→　文部科学大臣
	「独立行政法人の業務実施の円滑化等のための関係法律の整備等に関する法律」による一部改正
	・独立行政法人に関する規定の整備（第2条1項，第29条）
平成13(2001)年	「学校教育法の一部を改正する法律」による一部改正
	・大学の飛び入学規定整備に伴う改正（第6条）

c. 博物館法の内容

　博物館法は，第1章総則（第1条〜第9条），第2章登録（第10条〜第17条），第3章公立博物館（第18条〜第26条），第4章私立博物館（第27条〜第28条），第5章雑則（第29条）の五つの章で構成されている。

　第1章総則では，法律の目的（第1条），博物館の定義（第2条），博物館の事業（第3条），館長・学芸員等の職員（第4条），学芸員・学芸員補の資格（第5，6条），望ましい基準（第8条）等が規定されている。

　第1条は「社会教育法（昭和24年法律第207号）の精神に基づき，博物館の設置及び運営に関して必要な事項を定め，その健全な発達を図り，もって国民の教育，学術及び文化の発展に寄与することを目的とする。」としており，博物館を社会教育の施設と位置づけるとともに，国民の教育，学術，文化の発展に寄与するものであるとの考えを示している。

　博物館の定義は，第2条第1項に「歴史，芸術，民俗，産業，自然科学等，に関する資料を収集し，保管（育成を含む，以下同じ。）し，展示して教育的配慮の下に一般公衆の利用に供し，その教養，調査研究，レクリエーション等に資するために必要な事業を行い，あわせてこれらの資料に関する調査研究，をすることを目的とする機関のうち，地方公共団体，民法34条の法人，宗教法人又は政令で定めるその他の法人（独立行政法人を除く）が設置するもので第2章の規定による登録を受けたもの（一部略）」としている。着目すべき部分に傍点を付したが，まず，博物館の種類が多様であること，「育成を含む」として，動物園・植物園・水族館をも対象としていること，教育機関としての位置づけを明確にしていること，教養の向上のみならず利用者のレクリエーショ

ンをも目的としていること，単なる資料の収集展示にとどまらず調査研究機能が必要であること，設置主体として公益性のある地方公共団体，公益法人，宗教法人等に限定を設けていること，登録を受けることが必要であることが特色である。政令（博物館法施行令）で定める法人は日本赤十字社及び日本放送協会（NHK）である。

　第3条では，博物館の事業を具体的に列挙しているが，一般的な博物館事業（資料の収集・展示）に加え，博物館外での展示，研究室等を設置し利用させること，講習会・研究会等の開催，他の博物館との連携協力・情報交換，学校との協力等を揚げるほか，「土地の事情を考慮し，国民の実生活の向上に資し，更に学校教育を援助し得るようにも留意しなければならない。（第3条第2項）」として地域の教育機能の拠点としての位置づけを与えている。「地域社会に開かれた博物館」「博物館と学校との連携」「館外活動（アウトリーチ）の充実」「生涯学習の拠点」等が現在の博物館に求められる機能として期待されている。法制定時の意味合いとは必ずしも一致しないだろうが，博物館法第3条の規定は現在でも十分価値のあるものといえよう。

　第4条には，館長，専門職員としての学芸員，学芸員補その他の職員を置くことを規定し，第5条，第6条で学芸員，学芸員補の資格を規定している。一般に「学芸員資格」といわれるが，正確には「学芸員となる資格を有する」であって，第4条の要件を満たしたからといって直ちに学芸員となるのではない。あくまでも登録博物館に置かれる学芸員に任命される資格を持つということである。また，現行の資格については改善すべきとの意見もある。博物館法に定める学芸員では欧米のキューレーターに比肩しうる水準を確保していない，大学での履修ではなく大学院レベルでの養成が必要等の意見である。実際の採用に当たり修士以上を要件とする博物館もある。第5条には，資格取得の方法を示しているが，その具体については文部科学省令に委任している。第8条は，博物館の望ましい基準を定め，公表することを文部科学大臣に求めている。博物館法制定当時の博物館の水準を反映して法律本体においては博物館の水準を高く認定していない。そこで博物館の望ましい基準を策定し，水準の向上を図ろうとしたものである。この規定を受け，昭和48(1973)年11月に「公立博物館

の設置及び運営に関する基準」が、また、平成9(1997)年3月に「私立博物館における青少年に対する学習機会の充実に関する基準」が定められた。その後、生涯学習審議会等の答申を踏まえ、平成15(2003)年6月に新たな「公立博物館の設置及び運営上の望ましい基準」が定められている。

　第2章は、博物館の登録を定めている。第10条は「博物館を設置しようとするものは、当該博物館について、当該博物館の所在する都道府県の教育委員会に備える博物館登録原簿に登録を受けるものとする。」と規定している。第2条第1項の博物館の定義「……であって第2章の規定による登録を受けたものをいう。」とあわせ、博物館登録原簿に登録することが「正式」な博物館となる要件であるとしている。第12条には登録要件を規定している。その内容は、第2条第1項に規定する目的を達成するために必要な博物館資料があること、必要な学芸員その他の職員を有すること、必要な建物及び土地があること、及び年間150日以上開館することであり、開館日数以外には具体的には定めていない。実際には、昭和27(1952)年5月の各都道府県教育委員会あて社会教育局長通達に示された博物館の登録審査要項に基づき、登録審査が行われていた。その他の条文は登録申請、変更、廃止等の手続を定めたものである。

　第3章は、公立博物館について規定している。第18条では、博物館の設置は条例によることを求めている。第19条には、公立博物館の所管を教育委員会とすることを定めている。社会教育は教育委員会の所管に属することから、社会教育施設たる博物館は、当然教育委員会の所管とされた。現在は、首長部局所管の博物館（法的には博物館相当施設若しくは類似施設）がかなり増えてきており、実態に合わない面も出ている。

　第20条～第22条は、博物館協議会について定めたものである。博物館協議会は、「博物館の運営に関し館長の諮問に応ずるとともに、館長に対して意見を述べる機関」とされている。社会教育施設については、それぞれの根拠法において、公民館には公民館運営審議会、図書館には図書館協議会の設置を規定している。こうした審議会、協議会は、施設の運営に当たり地域住民の意思を反映させるための機関として設置されている。社会教育が地域の課題や特性に応じて展開されるべきものであることを反映したシステムである。博物館協議会

は任意設置の機関であるが，多くの博物館が設置している。

　第23条は，入館料に関する規定である。「公立博物館は，入館料その他博物館資料の利用に対する対価を徴収してはならない。但し，博物館の維持運営のためにやむを得ない事情のある場合は，必要な対価を徴収することができる。」としている。しかしながら，実体的には多くの公立博物館が入館料を徴収している。ちなみに図書館法では「いかなる対価をも徴収してはならない。」としており，実際に，公立図書館では入館料は不要である。

　第24条〜第26条は，補助金に関する規定である。この法律に基づく補助により，博物館の全国的な整備が進んだ。しかしながら，施設に対する補助金が平成9 (1997) 年度をもって廃止されていることから，現段階ではこの条項は機能していない。

　第4章は，私立博物館に関する規定である。第27条第1項では，都道府県教育委員会が調査研究等のために，私立博物館に資料を求めることができるとし，また，第2項では，都道府県教育委員会が，求めに応じて私立博物館に対して指導や助言ができるとしている。第28条は国や地方公共団体が私立博物館に対して「求めに応じて，必要な物資の確保につき援助を与えることできる。」としている。社会教育の原則の一つに「ノーコントロール・ノーサポート」がある。援助を与えると支配してしまう。援助もしないが干渉もしないという考えである。戦前の思想統制に対する反省でもある。私立博物館の事業も社会教育であり，この原則が当てはまってしまう。博物館法の趣旨のひとつが私立博物館の支援であることから，こうした規定を設け「求めに応じて」支援することができるとしたものである。また，博物館法自体による，私立博物館支援措置の他，租税特別措置法，法人税法，所得税法等による税制上の優遇措置の多くは，博物館法に定める登録を受けた私立博物館を対象とするものであることから，博物館法が私立博物館にとって意味のある存在となっている。なお，固定資産税等の地方税については，制定時（昭和26年）の博物館法の附則の規定により，非課税扱いとされた。

　第5章の第29条には，博物館相当施設を定めている。博物館相当施設とは「博物館の事業に類する事業を行う施設」とされており，国の施設は文部科学大臣

が，その他は都道府県教育委員会が指定するとされている。指定要件は博物館法施行規則（文部科学省令）に委ねられているが，「博物館の事業に類する事業を達成するために必要な資料」をもつこと，「学芸員に相当する」職員がいることなどであり，登録博物館と大きく異なるのは年間開館日数が100日以上（登録は150日）となっていることである。この博物館相当施設の規定は，国立の博物館（国立大学附属博物館を含む），公立でも動植物園等の首長部局が所管する博物館，株式会社の設置する博物館などが，博物館として登録できないことから設けられたものである。なお，この規定は，昭和30(1955)年の博物館法改正時に，それまで附則にあったのを本則に規定し直したもので，博物館相当施設の位置づけを明確にし，登録博物館と同様に奨励・援助していこうとしたものである。

博物館相当施設については，昭和30(1955)年当時は国，公，私立を問わず，文部大臣が指定するとしていたが，昭和46(1971)年の改正で，国立以外の指定は都道府県教育委員会へ委任された。この際の社会教育局長通知において，相当施設の指定要件が示されるとともに，公立の相当施設についても教育委員会の所管を求める措置がとられたが，平成10(1998)年4月の生涯学習局長通知においてこの制限がはずされ，現時点では，設置者，所管を問わず相当施設として指定することができるようになっている。

（2）博物館法施行規則等

博物館法を根拠に，政令，文部科学省令が定められている。政令（博物館法施行令）には，日赤とNHKが登録博物館を設置できることと，地方公共団体への補助金に関する規定が定められている。文部科学省令（博物館法施行規則）には，①学芸員に関し大学において修得すべき博物館に関する科目の単位，②学芸員の資格認定，③博物館相当施設の指定要件等が定められている。

3-4表　学芸員資格取得のための科目と単位数

科目	単位数
生涯学習概論	1
博物館概論	2
博物館経営論	1
博物館資料論	2
博物館情報論	1
博物館実習	3
視聴覚教育メディア論	1
教育学概論	1

①の科目の単位については，学芸員となる資格を取得するために大学で修得する科目と単位数が3－4表のように定められ，合計12単位が必要とされている。この規定は平成9（1997）年に改正されたもので，学芸員の養成内容の改善・充実を図るため，科目の見直しと総単位数の増（10単位→12単位）が行われた。

②の資格認定については，大学での単位修得によらずに学芸員となる資格を取得できるとした法第5条第1項第3号の規定を受けたもので，文部科学大臣による試験認定と無試験認定について規定している。

③の相当施設の指定要件については，申請の手続き，指定要件等について規定している。

（3） 公立博物館の設置運営基準

法令ほどの拘束力はないが，博物館を設置運営する上で重要な指針となるのが「公立博物館の設置及び運営上の望ましい基準（平成15年文部科学省告示）」である。博物館法第8条は博物館の「望ましい基準」を定めることを求めている。前述のとおり，博物館法に定める博物館の定義は高水準のものを定めることができなかったことから曖昧に定義された。そこで望ましい基準を作り，それに向かって努力しようという考え方を取った。現在の基準は，全12条で構成されている。施設及び設備，資料，展示，学習活動，職員，学校等との連携等について定めている。

公立博物館の基準を作るには長期間を要した。法制定後，相当早い段階から，文部省や日本博物館協会において基準の制定に向けて検討が開始されたが，告示に至ったのは，昭和48（1973）年11月である。制定が困難を極めた原因は，①望ましい博物館の水準をどのように設定するのか，②多様な機能，種類をもつ博物館をどうやってひとつの基準の中にまとめるのかの2点にあったようだ。

関係者の努力の結果，昭和45（1970）年の第18回全国博物館大会において，日本博物館協会の博物館基準研究会試案が示され，これをベースに文部省の社会教育審議会社会教育施設分科会専門委員会において検討が進められ，昭和48（1973）年に成案を得，11月に告示された。この時期に，基準が策定されたのは，

昭和30年代から40年代にかけての高度成長期に急速な宅地造成が行われ，それに伴い，文化財の保存の機運が高まったこと，明治百年（昭和42(1967)年）記念として，各地で博物館建設が進んだことなども，背景として挙げられる。研究会試案は実際の告示に比べ，網羅的，定量的であるとともにその水準も高めに設定してある。現実の博物館に合わせて低い水準にすれば博物館の発展は期待できず，かえって質の低下を招く可能性もある。かといって理想像を描いても誰も尊重しない。基準を示す目的は，各博物館が望ましい基準の達成に向けて努力し，もって，わが国の博物館の向上を図ることにある。この基準は，博物館政策当局が現実味のある努力目標を掲げたものと解釈できる。[1]

　このように，博物館の基準は，難産の末に制定されたが，その後，広く博物館関係者の中で重要な基準として扱われてきた。この基準には，博物館に必要な施設及び設備，施設の面積，博物館資料，展示方法，教育活動，職員等について，詳細に規定されていた。例えば，施設の面積について，都道府県立（指定都市を含む）は6千平方メートル，市町村立は2千平方メートル，植物園は敷地が20万平方メートルを標準と定めていた。また，資料については，動物園においては65種325点〜165種825点と定めるなど，設備名称，置くべき学芸員の数などを，具体的に示していた。過去においては，この基準が文部省の補助金とも連動していたこともあり，極めて重要な基準と解釈され，結果的に，博物館の水準の維持向上に貢献してきた。

　しかしながら，その後四半世紀がすぎ，博物館を取り巻く環境も大きく変化した。こうしたことを受け，平成10(1998)年9月の生涯学習審議会の答申において，「博物館の種類を問わず現行のような定量的かつ詳細な基準を画一的に示すことは，現状に合致しない部分が現れている。このため，現在の博物館の望ましい基準を大綱化，弾力化の方向で見直すことを検討する必要がある。」とされ，その見直しのための検討が行われた。その結果，平成15(2003)年6月に「公立博物館の設置及び運営に関する基準（昭和48年文部省告示）」が全面

1）　千地万造「公立博物館の設置及び運営に関する基準の制定について」『博物館研究』Vol.14 No.5　1979．

改正されるかたちで「公立博物館の設置及び運営上の望ましい基準」として新たに告示されている。傍点を打ったように，「基準」から「望ましい基準」へと変更されている。

新たな「望ましい基準」においては，学芸員数，施設面積，開館日数，博物館資料数，備えるべき施設・設備等の具体的な数字や名称は削除され，地域の実状に即して柔軟な博物館の設置及び運営ができるように，大綱化・弾力化が図られている。また，時代の変化に対応し，インターネットその他高度情報通信ネットワークの活用，学校・家庭・地域社会との連携，利用者の博物館事業への参画の促進，高齢者や障害者及び外国人等の利用促進のための施設・設備の整備が書き加えられた。さらに，博物館職員の研修機会の充実，博物館事業の自己点検・評価とその公表を求めるなど，博物館の維持向上のために取り組むべき事項が書き加えられている。

（4） その他の規程

博物館に直接関係する法令等以外に，博物館に関連する法律等がある。各法律の内容はそれぞれの解説書などに譲り，ここでは簡単なコメントにとどめることとする。「文化財保護法」(昭和25年) は，貴重な資料を保存公開する博物館事業と密接な関係を有する。また，博物館法第3条第1項第8号には博物館事業として「当該博物館の所在地又はその周辺にある文化財保護法（昭和25年法律第214号）の適用を受ける文化財について，解説書又は目録を作成する等一般公衆の当該文化財の利用の便を図ること。」としており，博物館と文化財保護法とが結びついている。

その他，「美術品の美術館における公開の促進に関する法律（平成10年)」は，国民の美術品を鑑賞する機会を拡大することを目的として，登録美術品制度を設け，優れた美術品の美術館における公開を促進する措置を講ずるために制定されているが，この法律でいう美術館には，博物館法の登録博物館及び博物館相当施設であることを求めている。

平成13(2001)年に議員立法により成立した「文化芸術振興基本法」は，わが国における，文化芸術の振興に関し，基本理念を定め，国及び地方公共団体の

責務を明らかにするとともに，文化芸術の振興に関する施策の基本となる事項を定めることにより，文化芸術に関する活動を行うものの自主的な活動の促進を旨として，文化芸術の振興に関する施策の総合的な推進を図ることを目的としたものである（文化芸術振興基本法第1条）。すなわち，この法律においては，文化芸術の振興に関する基本理念を明らかにするとともに，その振興の基本施策について定めている。この基本施策の中で，美術館・博物館の充実が定められている。具体的には，「国は，美術館，博物館，図書館等の充実を図るため，これらの施設に関し，自らの設置等にかかる施設の整備，展示等への支援，芸術家等の配置等への支援，文化芸術に関する作品等の記録及び保存への支援その他の必要な施策を講ずるものとする。」とし，博物館振興に資することを定めている。

3. 国際的な勧告等

　国内の博物館の組織の他に，国際的な博物館関連の団体が存在する。代表的なものは，国際連合教育科学文化機関（UNESCO：ユネスコ）であり，また，これに協力するかたちで設立された国際的な非政府機構である国際博物館会議（The International Council of Museums：ICOM，イコム）である。

　ユネスコは，1960年の第11回総会において，「博物館をあらゆる人に解放する最も有効な方法に関する勧告」を採択している。この勧告では一般原則として，加盟国が自国内の博物館について，「経済的又は社会的地位に関係なく，すべての人に利用されるようあらゆる適切な措置をとる。」としており，続いて博物館における展示，観覧，広報，地域社会との関係等を勧告している。例示をすれば，「すべての観覧者の都合，特に勤労者の余暇時間を斟酌して，毎日都合のよい時間に開館させるべき」「観覧料はできる限り無料とすべき」「各地域で，知的，文化的中枢として奉仕すべき」等であり，全18項の勧告となっている。

　ICOMは，1946年に設立された。1989年，オランダのハーグにおける第16回総会で正式採択されたICOM規約によれば，その目的は，①あらゆる種類の

博物館の設立，発展，専門的運営を奨励し支持する，②社会とその発展に貢献する博物館の性格，機能，役割に関する知識と理解を推進する，③各国の博物館及び博物館専門職相互の協力と援助を組織する，④あらゆる種類の博物館専門職の利益を代表し支持し推進する，⑤博物館の管理と運営に関する博物館学をはじめとするすべての分野における知識の向上と普及に努める，とされている。現在加盟国は110か国，会員数は約14,000名となっている。また，教育と文化活動，博物館学，保存，研修，自然史博物館・コレクション，民俗学博物館・コレクション，美術博物館・コレクション，科学技術博物館・コレクション等，28の国際委員会が活動中である。

　ICOM の種々の活動のうち，博物館にとって指針となるものに職業倫理規定がある。博物館法の法的枠組みの中には「博物館倫理」に関する規定がなく，倫理は一般の法制，もしくは慣習，良識に任されている。職業倫理規定は，博物館の職員が守るべき倫理を明文化したもので，1986年，アルゼンチンのブエノスアイレスにおける第15回総会において採択された。詳細は省略するが，①博物館の倫理，②専門職の行為，の二つの面から倫理を規定している。

　博物館に関しては，博物館の管理母体・組織は博物館，収集品，サービスのすべての面における倫理的義務を負うことをはじめとする博物館管理の基本原則や，博物館収集品の取得，処理について規定している。また，専門職の行為としては，博物館職員は公私立を問わず公共に対して大きな責任を有するとして厳格な倫理を求めるほか，収集品に関する個人的責任，公共に対する個人的責任等を厳しく規定している。

　ICOM 倫理規定の序言では，この倫理規定が最小限のものであり，各国が，その事情に応じ，強化，展開することを求めているが，現時点では，わが国の国内規約を制定する動きはなく，参考としての扱いにとどまっている。

第4章
博物館を支える人々

1. 博物館と人

(1) 誰が博物館を支えているか

　どういう人たちが博物館で働いているのかについては，展覧会など展示だけを見学に行く人々にとっては特に関心のないことかもしれないが，博物館が好きな人や博物館で働きたいと思う人にとっては，ぜひ知っておいてほしいテーマである。博物館を支える人々から博物館の諸問題を考えることは，たいへん重要な課題を私たちに提示できるからである。したがって，すでに博物館に勤務している人にとっても，また博物館を設置し運営する立場にいる人にとっても，これは大いに有益な視点である。
　まず，博物館で働く人というと，誰もが学芸員を思い浮かべる。
　昭和26(1951)年に博物館法が制定（公布は翌年）され，博物館に学芸員を置くことが義務づけられた。次いで，昭和30(1955)年の博物館法施行規則によって，学芸員は大学において所定の専門講義と実習単位の取得が必要となり，博物館業務に関わる専門職・研究職として位置づけされ，現在に至っている。博物館の目的や役割を学芸員が担っていると言っても過言ではない。
　しかし，博物館は学芸員だけで成り立っているのではなく，実にさまざまな種類の仕事に関わる人々によって支えられている。学芸員のような博物館のためだけの資格が求められてはいないものの，それぞれに専門的あるいは経験的な知識・技術・方法が存在する。つまり，こうした仕事を担う人々を無視しては博物館のすべてを語ることもできないのである。

また，博物館に関わるさまざまな専門的業務をマネジメントする役割も，ますます重要になってきた。とくに昨今の博物館をとりまく社会環境の変化は，博物館の役割・活動に大きな影響を与えており，こうした状況を的確にとらえ，判断し，博物館運営の方向を決めていかなければならない。「人」がますます重要になってきているのである。

　本章では，まず博物館の目的や役割，あるいは活動を「博物館を支える人々」の視点から分析・検討し，次に，実際の博物館運営の面から「博物館を支える人々」の役割を整理・解説する。最後には，今日の博物館における「博物館を支える人々」のいくつかの問題点を挙げながら，いかに「人」が博物館を支えていかなければならないかということをまとめてみたい。

（2）　博物館と「博物館を支える人々」

　博物館の目的や役割，あるいは活動を「博物館を支える人々」の視点から分析・検討してみよう。

1）「博物館を支える人々」とは　　「博物館を支える人々」とは，具体的にどういう人々が含まれるのか。本論に入る前に少し整理をしておく。

　博物館に多少なりとも関わる人々は相当な数にのぼる。公立博物館の準備段階から例に挙げれば,博物館の計画・立案に関わる首長・議会ならびに担当者，それを外部から検討する学識経験者，各界代表者，地域住民。建物の設計や建築を行う業者。博物館準備室が用意されれば，資料収集や実質的な展示計画・展示作業を行う学芸員などである。

　博物館がいったん開館すれば，館外にあってその運営・維持に直接関わる理事会，博物館から委嘱された各種委員会，博物館を直接・間接に管轄する行政機関およびその関係者，そして博物館の運営・維持に直接関与する館員である。

　さらに，最近は地域社会と博物館の関係が，学校教育や生涯教育，あるいは地域開発にまで及んで活発に議論されている。博物館と地域（住民，学校，商店街，NPOなど）が相互に支援しあう方法も新しい博物館の一つのあり方である。

　このように見れば，「博物館を支える人々」は，①博物館の運営・維持に関

わる行政（企業博物館の場合は企業），理事会などの外部関係者と，②博物館内部から支える博物館館員の大きく二つに分けることができる。そして，新しい要素として③地域社会との関わりで外部から博物館を支える人，を加えることができる。

　本論では，博物館内部から支える館員を分析の対象とするが，博物館外部の関係者についても適宜触れることにする。

　2) 博物館を支える活動とは　博物館を支える活動は，①資料（情報を含む），②施設，③館員の三つを核にして成り立っている。

　①の資料は，博物館のもっとも重要な基礎である。実物（第一次資料）だけでなく，複製や模型，映像や音声などの各種情報（第二次資料）も含む。これらはさまざまな方法によって収集・保存・調査研究されるとともに，公開・展示され，教育普及に利用される。とくに情報化時代と言われるように近年のIT技術の進歩は，博物館資料（情報）を取り扱っていく上でたいへん大きな影響がある。

　②の施設は，博物館が行うさまざまな活動の場であり，入館者との接点でもある。しかし，地域社会とのつながりが密接になり，対象となる資料によっては，博物館の活動が館外に及ぶことも多くなり，活動空間と施設が必ずしも一致しないということを理解しなければならない。もちろん，調査研究という活動は施設内にとどまるものではなかったし，遺跡博物館や野外博物館，あるいは自然系博物館で見られるように野外での教育普及活動はもともと行われているが，最近は"町ごと博物館"というような言い方で代表されるように，町おこしや地域開発の核としての博物館のあり方や活動が注目されている。

　③の館員は，博物館の目的を達成するための役割や業務を担う。上記の「資料」「施設」も，館員の活動によって生きることもあれば，反対に意味のないものになってしまうこともある。

　そして，博物館の役割・機能を十分に発揮させるために，この三つを有効にマネジメントしていかなければばらない。博物館活動の目的と対象をどこに定めていくかによって，それぞれをどのように運用・連携していくかが変わってくるし，さまざまな役割をもった外部関係者とのネットワークも必要になる。

特に入館者に対して資料，施設，館員の各々をどのように位置づけ，連携させていくか。博物館の運営の重要なポイントである。

2. 館員の活動と役割

(1) 活動と役割

博物館館員の担うべき博物館活動という視点に立って，「入館者」「資料」「施設」のそれぞれに対する館員の役割や業務が，互いにどのような関係をもっているのかを4-1図に模式化した。お互いは独立して存在するのではなく，重なり合い，複合した空間の中で館員の役割が存在することを理解してほしい。また，すべてが重なり合うところは，これらの連携をコントロールするところであり，いかに博物館を機能させるかという博物館運営（ミュージアム・マネジメント）の中枢である。館員が担っていくべきもっとも重要な役割である。

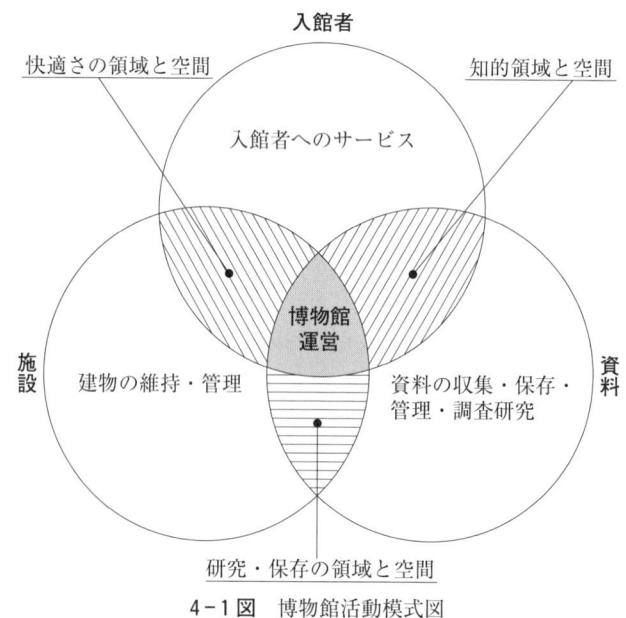

4-1図　博物館活動模式図

以下，具体的に館員がどのような役割や業務を果たさなければならないかを解説する。
　①　資料に関わる館員の役割……資料を収集・保存・管理し，調査研究を実施する。学芸員がその主体となる。
　②　施設に関わる館員の役割……博物館建物そのものの維持・管理である。館内外の清掃や各種機器への保守・点検，警備も含まれる。
　③　入館者に関わる館員の役割……入場券の販売などの出札業務，案内・誘導などの受付業務，質問への対応など現業を担当する。
　そして，それぞれが重なりあう領域においては，以下のような役割・業務が存在する。
　④　資料と施設が重なる部分（研究・保存の領域と空間）に関わる館員の役割……資料の整理・保存のための収蔵庫・搬入施設・燻蒸施設の管理。展示品のための展示場・展示具などの管理，調査研究のための機器・研究室・図書室などの管理がある。こうした収蔵・展示を中心とした研究・保存の領域と空間を維持管理する役割は，おもに学芸，施設管理者，警備関係が担う。
　⑤　資料と入館者が重なる部分（知的領域と空間）に関わる館員の役割……展示をはじめとした教育普及活動を行う。企画展・特別展など各種展覧会の開催，図録・研究紀要などの出版，各種情報の発信，講演会やギャラリートークなどの催事の開催，ミュージアムグッズの開発・販売など。事業活動も重要な役割である。こうした知的領域と空間の維持管理は，学芸員，教育普及担当，司書のほか，事業担当や入館者と直接接する現業関係（例えばコンパニオン）の館員の役割が重要である。
　⑥　入館者と施設が重なる部分（快適さの領域と空間）に関わる館員の役割……入館者が見学，学習，移動，休憩する博物館のパブリックゾーンを快適さの領域と空間として管理する。博物館は非日常空間でもあり，そのためには魅力的な空間の創出と快適で質の高い環境維持が必要となる。また，さまざまな人々が集う場所であることも忘れてはいけない。行きとどいたインフォメーション，トイレ・売店・ロッカー・休憩所などのレイアウト，清掃，空調，照明のほか，展示場の環境維持，入館者に対する安全管理も重要な役割である。

したがって，施設関係，コンパニオンなどの現業関係，警備関係の役割が中心となる。

（2） 博物館運営

　館員が関わる博物館活動の各担当・領域のすべてが重なり合う部分に相当するのが，博物館活動の運用と連携をコントロールする中枢部分である。そこには，いかに博物館を機能させるかという博物館運営の理念と方法と活動があり，それを実践する担当がいる。

　各分野および各領域・空間で，さまざまな業務に関わる事務を担当する総務的役割は，従来から縁の下の力持ち的位置づけがなされていたが，博物館を機能させるという博物館運営の中枢の一翼を担うという点からたいへん重要である。人体に例えれば，心臓から血液を体の隅々まで運ぶ血管の役目を果たしている。ちなみに，多くの事業を行う事業担当や学芸員は，博物館という体を作り動かしていく役割を担う。

　そして，もっとも重要なポストは館長である。さまざまな意味で館と外部をつなぐキーマンである。学芸員の責任も非常に重要である。学芸員が博物館の中心的活動（博物館教育普及活動，調査研究活動）を直接担っているだけでなく，さまざまな博物館運営に関わっている。

（3） 館員をどう組織するか

　さて，館員がそれぞれの分野で協力体制を図り，複合した業務をスムーズに行っていくためには，博物館運営に関わる理念と，人的体制と組織によるところが大きい。

　従来の博物館の場合は，例えば，学芸課，総務課のように，それぞれの分野が独立した組織がつくられた。しかし，こうしたタテ割り型の組織ではどうしても複合した業務に対しては合理的な動きが難しいのが現状である。また，欧米の博物館に比べ人的体制がまだまだ十分でないことが多く，一人の館員が多様な役割を果たさざるをえない。例えば，学芸員が「雑芸員」と揶揄される理由である。

そこで，担当方式やプロジェクト方式的な仕組みを作って，対応している博物館も多い。効率的な活動には，各セクションを横断したプロジェクト方式が期待されるが，プロジェクトにどこまで裁量権を与えられるかが成果のポイントである。

　具体例として4-2図，4-3図に，京都文化博物館と岩手県立博物館の組織図を示す。学芸課についてみれば，京都文化博物館では学芸が二つに別れる。美術・工芸および映像担当と歴史・民俗・考古担当である。学芸の専門領域を優先させたものである。この場合，学芸に共通する分野の業務については，それぞれが行わざるを得ないなど，工夫を必要とするところである。したがって，教育普及担当，広報担当などの担当制，あるいはプロジェクト制の適応が必要である。

　一方，岩手県立博物館の場合は，学芸が三つに別れている。それぞれは，展

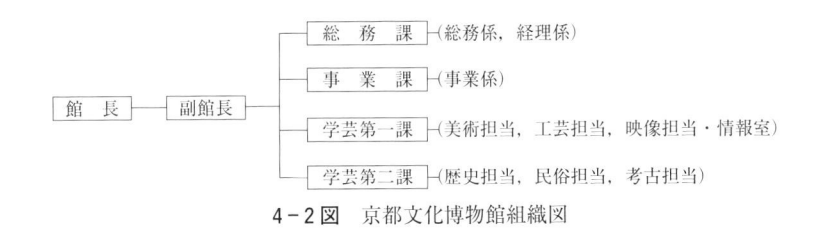

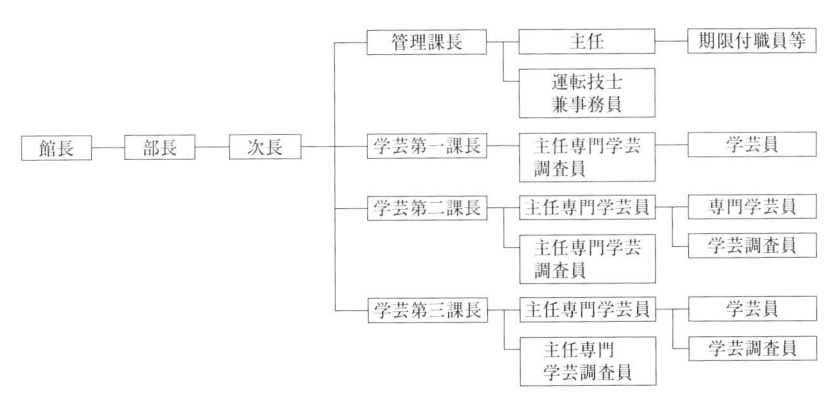

4-2図　京都文化博物館組織図

4-3図　岩手県立博物館組織図
(出典：『(財) 岩手県文化振興事業団10年のあゆみ』1996 より。1995.4.1 現在)

示・資料・教育普及という博物館活動の役割を担当する。この場合は，京都文化博物館の場合と反対に，学芸の専門領域は課を横断した形でまとめられている。

3. 博物館を機能させる

　本節では，ここまで分類・分析してきた役割・業務を，実際の博物館の例（京都文化博物館）に応じた形で以下のように再整理した。館員の役割をできるだけ具体的に理解しやすいように事例を紹介しながら，博物館運営と館員の役割における問題点や課題を考えてみよう。
　①　博物館を機能させる……博物館運営の中枢にあたる部分を担う。館長，学芸員のほか，総務担当や事業担当。
　②　入館者と接する……主に現業担当が中心となる部分である。快適さの領域と空間，知的領域と空間の維持・管理を担う。
　③　建物を維持する……主に施設担当が中心となる部分である。研究・保存の領域と空間，快適さの領域と空間の維持・管理を担う。
　特に，②の「入館者と接する」，③の「建物を維持する」部分については，担当者の役割を述べる中で，学芸員がどのように関わっているか，あるいは関わるべきなのかという視点を強調した。学芸員が，①の「博物館を機能させる」という博物館運営の中枢にあたるさまざまな博物館活動に関わらなければならないと考えるからである。

（1）　博物館を機能させる

　博物館を機能させるための，博物館運営の中枢にあたる部分を担う。
　1）　館　長　　文字どおり博物館の最高責任者である。博物館運営の中枢にあって，すべての博物館活動をコントロールする。また，対外的な活動という役割は，地域・行政・企業など外部から博物館を支える人々との連携を図る意味でもっとも重要であり，博物館の広告塔の役割も果たす場合もある。
　しかし，実際はその位置づけや役割は各博物館によって異なる。組織づくり

と同様に，博物館の設立基盤や設立過程によっても違うし，博物館の運営・維持に関わる行政（企業博物館の場合は企業）などの関係団体の事情によっても異なる。

　出身をみても，学識経験者・研究者の場合もあれば，行政経験者，経済人などさまざまである。館長のカラーが前面に出る施設もあれば，名誉職的な役割しか求められていない場合もある。

　もちろん常勤館長の方が望ましい。しかし，対外的な活動という役割を重視するのか，実際は非常勤の学識経験者・研究者の館長をおき，副館長や事務局長などが実質的に責任者として事務などを代行することも多い。また，自治体や企業設置の博物館の場合は，行政内部の人事や本社からの出向など，設置団体の事情が優先されることもある。

　博物館運営という中枢部分の役割を考えれば，博物館館長が必ず学識経験者・研究者でなければならないとは思わない。ただし，どういう出身・身分の館長であっても，博物館運営のプロにならなければならない。

　2）学芸員　　学芸員は，博物館の主旨・目的に応じた調査・研究，保存・修復，収蔵・管理，教育普及活動を行う。しかし，博物館そのものの活動や役割が多様化している現在，博物館運営の中枢にあって，さまざまな博物館活動に関わる立場にある学芸員の役割を再検討してみる必要もある。

　他のセクションとの連携の中で，学芸員が求められる具体的な役割については後の項目でも触れていくが，ここでは学芸員がもっとも主体となって活動している調査研究活動，教育普及活動を中心として，具体的な例を挙げてまとめてみよう。

　(1)　資料の収集・保存・管理

　資料の収集（寄贈・寄託・購入など）に関わる業務，収蔵・保管のための台帳作り，資料の修復や燻蒸，収蔵庫管理など。学芸員だけでなく，他のセクションや外部と共同しながら実施するものもある。

　例えば，資料を保存・保管するための収蔵庫の管理は，防犯の点から警備や温度湿度を管理する空調設備担当との連携が重要である。また，資料についた虫やカビを殺虫・防カビする燻蒸装置の運転は人体に有毒なガスを使用するこ

ともあり，資料に対しても館内の環境に対しても十分に配慮しなければならない。このため施設担当との連絡・連携が必要であるし，外部の専門業者とも十分に情報を交換しておくことが肝要である。

ただし，もっとも有効とされた臭化メチル（商品名：エキボン）が，オゾン層を破壊するという環境問題から，2004年度をもって使用できなくなる。それに代わる方法についてはいろいろと研究・開発されているが，一長一短である。薬品の過度に頼るのではなく，収蔵庫や荷解室のこまめな掃除や，環境に無害な薬品を適材適所に使用するなど，いくつかの方法を組み合わせながら対応していくことが重要である。ますます，施設管理関係や清掃関係の担当者との連携が大切になる。

文化財を守り伝えるという意味で，防虫・防カビだけでなく，文化財の取り扱いや保存科学に関する情報を収集し，研修に参加することも必要である。

また，資料管理については，IT技術の進歩にあわせてコンピュータの導入が一般化してきた。とくに館内LAN，インターネットとの接合によって，情報の一元化が可能となり，情報公開も求められる。一方，ウイルス感染によるデータ破壊や情報漏洩などの問題も起こっており，情報管理，セキュリティへの関心が重要である。こうした点については，博物館内はもちろんのこと，上部管理機関と連携・調整が必要となる場合もある。

(2) 常設展示と維持と管理

常設展示は博物館の顔である。常にその維持・管理には注意を要する。展示替えや説明板の修正・追加だけでなく，少々の修理やメンテナンスは学芸員も行うし，展示室や展示品の清掃については，直接・間接に関わる。最近のIT機器を使った展示については，企画と制作，メンテナンスと機器交換などランニングコストに対する意識が重要である。実際に動き出すと思った以上に手がかかる。こうした機器を扱える担当や外部の業者を含めた入念な計画が必要である。

(3) 特別展示の企画と開催

博物館の企画展示室を使った特別展には，主に博物館の自主企画の展覧会と外部で企画準備されて持ち込まれた展覧会（巡回展）とがある。

自主企画展は，学芸員が企画を出し，テーマやストーリーを決める。その上で展示品の選定や展示会場のデザイン，展示方法の検討，キャプションやパネル作り，図録作成，広報などすべてについて中心的な役割を果たす。しかし，展示内容の検討や展示デザインの作成，図録作成あるいは広報活動については，外部の研究者やデザイナー，展示業者，印刷業者あるいは館内の他のセクションとの協力が必要になる。また，展覧会に関連した催事（例えば講演会やギャラリートークなど）の企画や実行もある。学芸員のプロデューサーとしての力量が問われるところである。もちろん，展覧会の企画を出すまでには，調査研究という重要なアプローチがあることは言うまでもない。
　巡回展の場合は，展示の具体的内容や準備作業はすでに進んでいるので，自館の会場での開催について催事や広報，展示方法などが中心になる。また，こうした巡回展の多くは新聞社や企画会社の企画であるので，担当者との事前の打ち合わせが成否の鍵となる。巡回の都合では，展示作業の期間や撤収作業の期間が決して十分でないことや，展示方法に問題がある場合もある。会場を貸すだけとするより，どういう経緯であれ博物館の展覧会として責任をもった対応をすべきであり，資料への配慮と入館者の立場に立った学芸員として，経験，知識，技術に基づいた判断と行動をしなければならない。
　また，こうした巡回展に企画段階から参加することや，自主企画を巡回することもある。こうした巡回展と自主企画との差は，予算もさることながら充実した広報体制（新聞などのマスコミを利用）や他館とのネットワークであり，よい企画を多くの入場者に見てもらおうとするためには互いに協力を求めたいところである。

(4)　教育普及活動

　博物館の資料や施設を使って行われる教育普及活動は，博物館の重要な役割の一つであり，展示活動もその中に含まれる。主なものには，資料の貸出し，質問への対応，講演会や研究会の開催，研究紀要や要覧の発行，図書の充実などがある。
　しかし，今後もっとも大切になってくるのは，展示と入館者，博物館と地域を結びつける教育活動の企画・実施であろう。展示と入館者を結ぶさまざまな

プログラム，人（エデュケーター，インタープリターなど）の配置は，入館者に対してできるだけわかりやすく，楽しみやすい展示にするだけでなく，何度も博物館に来てもらうためにも工夫したいところである。学芸員を中心として，コンパニオンなどの現業担当の館員や教育専門家などとの協力体制が必要である。

　また，博物館と地域を結びつけた教育普及活動となると，外部の個人や団体とのネットワークが重要である。自分たちの博物館の周りがどのような地域で，どのような人々が生活し活動しているのか。どのような役割を求められているのか。情報収集とコミュニケーションを活発に行い，地域と一体となった展開を図っていく必要がある。とくに最近は，NPO活動が盛んになってきた。それぞれの活動の主旨と目的を考慮し連携を図っていきたいところである。

(5)　調査研究活動

　学芸員の多くは，美術や歴史，考古学あるいは自然科学などの専門領域をもった研究者である。しかし，専門領域を研究することが博物館での活動と必ずしも一致しているわけではない。学芸員が博物館活動に関わる調査研究を行う目的や方法と，各人がもつ研究活動のそれを全く同じものと考えてしまうと，多様で複雑な事業を行う学芸員の役割を正当に評価できなくなるかもしれない。その大きなものは教育普及活動，公共サービスに関わる部分である。社会における博物館のあり方がいろいろと問われている今日，博物館活動における学芸員の役割をしっかりと理解しながら，両方をどう折り合いをつけていくかが大切である。

　もちろん，博物館がどう変わろうと，博物館は資料なくして成り立たないわけであり，資料を取り扱うことのできる学芸員がその中心であることを疑う余地はない。資料を取り扱うとは，博物館の主旨・目的に即した資料を収集し，保管し，展示し，教育に利用することであり，併せてこれらの資料の調査研究を行うことである。当然，学芸員は研究者としての研究を行う必要がある。研究者として資料を取り扱う訓練を受け，経験し，知識・技術を身につけてきた学芸員だけが博物館の資料を扱えるわけであり，学芸員としての責任と自覚が求められる。

一方，何度も述べているように，さまざまな事業に関わっていく博物館活動の専門職としての役割も忘れてはいけない。その意味では確かに「雑芸員」であり，プロデューサーやコーディネーターであるという表現も当たっている。こうした総合的な博物館活動をどの範囲において，誰に向けて，どんな方法で，何の目的で行うのか。そこにこそ，博物館学芸員という新しい研究者の位置づけができそうに思う。

3) **事業担当**　博物館では学芸員が中心となる特別企画展だけでなく，博物館内の施設を使っていろいろな催事や事業が行われている。博物館の運営母体や運営方法の違いによって，そのあり方，考え方はさまざまであるが，博物館には大なり小なりこうした事業に関わる業務を担当する館員が必要である。

内部で企画される催事だけでなく，外部から持ち込まれる企画に会場を提供することも多いが，あくまで博物館にふさわしい企画に限られることはいうまでもない。反対に，こうした各種の催事が入館者の選択肢を増やすことにもなるし，魅力にもなる。

催事について担当館員は，企画内容の検討，会期の調整，会場の準備，機器の手配，あるいは広報などを受け持っている。したがって，学芸的な知識・経験が必要であるし，使用施設・機器が共通することも多いので学芸員との連携も重要である。

また，館内の売店や飲食店などの店舗との指示調整を行う。特にテナントが入っている博物館では，各テナントとの契約・交渉・条件整備・テナント間の調整もある。こうした外部業者も同じ組織には属さないけれども，入館者に対して博物館と同じ立場にあるわけだから，よいサービスを提供していくため他のセクションとの調整など，共同で活動していけるよう働きかけていかなければならない。

昨今，売店やレストラン，カフェの充実などが博物館の評価の一端を占めるようになってきた。特にミュージアムショップは，博物館近代化の象徴といわれることもあって，各館それぞれに力を入れている。仕入れルートの確保，魅力ある商品揃え，手ごろな価格設定，雰囲気づくり，いずれも従来の博物館経営では対応が難しく，専門的な業者に委託しているところも多い。しかし，博

物館教育活動の重要な一つととらえれば，学芸員や事業担当館員が協力してオリジナルな商品の企画を行い，テナントや外部の業者と積極的に提携し，ミュージアムショップを充実させていく方法もある。

こうした事業のほかにも，地域の活性化のための博物館活動も可能である。例えば観光資源としての博物館の果たす役割は大きい。全国あるいは海外から大勢の観光客が集まってくるような魅力ある博物館づくりをめざすためにはどうすればいいか。担当館員の果たす役割は大きい。

（2） 入館者と接する

主に現業担当が行う。ミュージアム・アテンダントという言葉も聞かれるように，入館者に対してさまざまなサービスを提供する。入館者が滞在するパブリックゾーンの中をいかに快適に，また知的領域・空間としてどのように維持するかを受け持つ重要な役割である。

1） コンパニオン　博物館内において入館者と直接に接する館員には，入場券の販売，受付・案内，展示解説，ミュージアムグッズなどの売店，教育普及などの役割がある。とくに，もっとも頻繁に入館者と接する業務については，専門のトレーニングを受けたコンパニオンが受け持つことがある。

また，展示解説や教育普及活動は，専門知識のある解説員やエデュケーターが受け持てればもっともよいわけであるが，一定の専門的知識をもったコンパニオンが担当するだけでも，入館者に対する教育活動をスムーズに行う有効な方法となる。もちろん，学習内容については学芸員の指導がなければならないが，学芸員と入館者，展示および資料と入館者をつなぐという，博物館教育活動のもっとも提供しやすいサービスである。

ただし，こうしたコンパニオンの雇用については，労務関係の問題もあって人材派遣のような間接雇用の場合が多い。つまり，コンパニオンの基本的なトレーニングなどについては手をかける必要はないものの，コンパニオンの配属や研修などは直接博物館側が関与できないこともあり，一長一短である。

さらにこのような活動にボランティアを活用するという方法もある。とくに展示解説・案内については最近よく見られる。

2) **会場係員（監視員など）**　特別企画展を開催するとき，会場に監視員を置く場合がある。どうも監視員という言葉は，入場者を監視するだけが役割のように思われがちで，あまりよい言い方ではない。会場係員としよう。確かに宝石展などの場合に，いかにもそれらしい格好で立っているガードマンは監視員である。

おもに会場係員は，ガードのない展示品や造作物について，入場者がむやみに触れたりしないように注意を喚起する役目をもつ。また，展示場内における禁止行為や迷惑行為への注意を行う。

展示場内における禁止行為はそれぞれの展示によって異なるが，おもに写真撮影，ビデオ撮影，万年筆・ボールペンの使用，模写，ポケベル・携帯電話の使用，飲食に関わるものが多い。ただし，一部では条件つきで（ストロボ撮影や三脚使用制限）写真撮影やビデオ撮影が許可される場合もある。施設や展示の違いによってその条件が変わることは，入場者に理解されにくいところであり，現場で対応する会場係員が苦労することも多い。

展示場内でよくある迷惑行為は，周囲の観賞の障害になるような度を越えた話し声，同じく子どもの遊び（あくまで展示に関係のない遊び）などがある。

しかし，実際のところこうした禁止行為・迷惑行為に対する会場係員の対応は，非常に難しいところである。もちろん禁止行為についてはすぐに注意しなければならないが，入場者の故意もあればうっかりということもある。注意の仕方によっては，入場者や周囲に必要以上の不快感を与えることもある。まして迷惑行為などは，それぞれの感じ方にもよる。さらに展覧会によっては，担当学芸員の考え方によって違うこともある。注意する側の難しいところである。

このほか，質問を受けたり，苦情を聞いたり，合い間を見ながらのちょっとした清掃や案内など，ミュージアム・アテンダントとしての役割も大きいのが実際である。係員にはあらかじめそうしたことを理解しておいてもらうことが肝要である。

また，パネルやキャプションの誤字脱字などについては，入館者や会場係員が気づく場合が多々ある。専門的な質問を受けることもある。もちろん，会場係員が対応できないことは学芸員に連絡し学芸員が対応する。

常に会場にいる会場係員は，博物館や展示場に関するいろいろな意見を聞いたり，感じたりすることもできる。例えば展示場内の環境では，温度・湿度・照明などの機械の数字だけでなく，会場係員の感じ方，入館者の様子を観察することも重要な要素である。さまざまな情報を学芸員や施設担当館員などと交換して，入館者に対して，よりよい知的空間と快適な空間の維持を図っていくことが大切である。

　こうした役割は，常設展示の場合には受付や案内と同じようにコンパニオンが受け持つこともある。しかし，特別企画展などの場合はどうしてもパートタイム的な役割になり，アルバイトで補わざるを得ないことも多い。しかし，求められている部分は，知識もさることながら経験や訓練，ミュージアム・アテンダントとしてのサービス精神が必要であり，単なる監視員ではないということである。

　3）　電話交換と応対　　博物館には，外部から電話でもさまざまな問い合わせが入る。交換業務を担当する館員が対応するが，入館者が受付業務の館員と初めて接する時と同じくらい博物館の印象を左右する。とりわけ顔が見えないだけに難しいところが多い。

　各セクションへの交換を除くと，もっとも多いのは博物館への交通案内，催事案内，専門的質問などである。受付と同様に専門的な質問などはその問い合わせの内容によって各セクションにまわし，各セクションの担当が応対する。特に，学芸員にはそれぞれの専門的な質問がまわる。

　学芸員への質問の内容は，小学生の宿題（電話での応対が難しいので，改めて手紙で質問してもらうことが多い）から，大学生のレポート，美術品や骨董品の鑑定依頼（通常，断るが），セミプロクラスの人からの専門的な質問までいろいろとある。必ずしも学芸員がすべてのことに答えられるわけではないが，図書や地図なども使って，できるだけ回答する。こうした質問・回答を蓄積し，データーベース化していくのもおもしろい。

　電話で応対する教育普及や広報活動には一定の限界がある。テープを使った交通・催事案内やインターネットのホームページを用いた広報も最近は広がっている。直接・間接のさまざまな質問に対して，博物館のサービスとして対応

していく方法と体制が必要である。

4) **ボランティア**　ボランティアが，博物館を支える人として重要な役割をもちつつある。たとえば展示案内などは，ボランティアの経験や知識を応用できるし，博物館の経営的視点からも有益である。ただし，活動自体がボランティアにとって生涯学習の一環であり，単に博物館活動の補助や経費節減というだけでなく，地域・社会との関連という視点に立って，ボランティアを導入する意味と目的を明確にし，その組織・活動がどうあるべきかを考えなければならない。

博物館におけるボランティアの活用については，今のところ二つのパターンがある。一つは行政などが中心となって生涯教育も目的に発足・活動しているボランティア組織との連携，もう一つはその博物館のために発足したボランティアである。前者の場合，複数の施設の一つとして博物館であり，両者の関係は事務的に整理されることが多い。一方後者は，その博物館そのものに思い入れが多く，博物館の主旨・活動・組織など運営に絡んでいくこともある。ボランティア組織の発足・維持については友の会やNPO法人なども関連している。

ボランティアには，博物館の目的や役割，あるいは専門的な知識・技術を学び，ミュージアム・アテンダントとしての役割を理解してもらわなければならない。博物館側においては，ボランティアを受け入れる態勢が整えられるか，どう組織化するか（組織化することの是非も含めて），待遇をどうするか，どのような活動を行うかなど，ボランティア活動をマネジメントする館員が必要である。実際，担当の考え方，取り組み方によって，ボランティア活動の効果には大きな差があるように思われる。

5) **教育活動**　展示も博物館教育活動（ミュージアム・エデュケーション）の一貫であるという考え方に代表されるように，展示だけに頼らない，さらには展示を有効に活用していくため，さまざまな教育活動が行なわれるようになってきた。その基本は，展示と入館者をつなぐ館員や情報機器・プログラムの充実である。

学芸員がその中心になって，体験・参加型プログラム，データベースや映像・

音声の利用などさまざまな情報の引き出しを準備することが大切である。しかし，機器を利用した場合は情報の更新やメンテナンスが重要になる。設備担当者も含めて，十分に計画・準備しておく必要がある。

いずれにしても，もっとも大切なことは入館者をサポートする人であり，専門的研修を積んだエデュケーターやインストラクターなどの担当者の充実も必要である。

(3) 建物を維持する

博物館の建物・施設を維持・管理していくために，さまざまな設備や機器の保守・点検，運転・運用，修理・交換を行う。具体的には，人の安全に関わるようなエレベーターやエスカレーター，照明・音響施設，電気・ガス・水道施設，防災施設，空調施設などが対象となる。さらに建物・設備・機器に対する清掃や警備なども含まれる。

このために入館者や資料に関わる部分で，他の館員とうまくネットワークを図っていくことが重要となる。特に防災関係については，防災計画があり，防災機器の使用方法の周知徹底，避難訓練など，その中心的役割を果たしている。

こうしたセクションの館員は，機械などの専門的知識・技術が必要であり，外部のビル管理会社に委託されている場合が多い。

1) **空調施設**　建物内の温度・湿度を，四季を通して一定のレベルで維持する。

建物の中には温度・湿度を検知するセンサーが設置されており，そのデータは常時監視室でモニターされる。そのデータによって空調設備が操作され，入館者や館員にとってできるだけ快適な環境が提供される。しかし，センサーに現れない局所的な変化や急激な変化には，現場にいるコンパニオンや会場係員の感覚もたいへん参考になる。特に，秋から冬，冬から春にかけての季節の変わり目は，空調機の運転が難しいという。

もう一つ重要な役割は収蔵庫の空調である。収蔵庫にはさまざまな資料が保管されている。温度や湿度によって影響があるものも多く，収蔵庫内の温度・湿度は特に注意が必要である。もちろん，センサーだけに頼るのではなく，別

の温湿度計を設置し，資料を扱う学芸員と空調設備担当者が相談しながら管理することが望まれる。

　2）**設備・機器の管理**　博物館にある設備・機器には照明，音響，映像，空調，防災などに関わるさまざまなものがある。こうした設備・機器の保守・点検・修理・交換には館員だけで対応が可能なものもあれば，外部に委託しなければならないものもある。

　業務の内容によっては，入館者と直接接することもある。例えば展示場内の照明などは，開館中に取り替えたりすることは難しいことが多い。また，大規模になる作業も多く，閉館後や休館日に実施するなどの配慮がされている。

　したがって，休館日の少ない博物館は休館日や閉館後の作業が多くなる。入館者サービスのために開館時間を長くすることや，休館日を少なくすることが多いが，一方で，こうした設備の保守・点検・修理などの作業をどう効率化していくかが問題である。こうした問題はもちろん，館全体に共通していることであり，博物館運営を司る中枢部の判断は，館員への配慮も含みながら決定されていく。

　3）**清　掃**　直接，入場者と接することは少ないが，施設・設備の清掃は，入場者の快適な環境と施設の維持に重要である。展示場内だけでなく，エントランスなどの無料ゾーンや入館者の利用設備，移動ルート，さらにはバックヤードの清掃も館員にとって気になるところである。特にトイレについては，担当者ももっとも気をつかうところである。誰でもきれいな方がいいのは当然である。

　また，施設の外側の清掃も重要である。博物館も地域の一員として，積極的に地域の美化に努めなければならない。毎日作業を行う清掃員の作業によってきれいに清掃された博物館の周辺は，周辺住民の憩いの場でもある。

　業務の性格上，開館前の作業が多い。もちろん開館中も継続されるが，入館者の見学を妨げないように気が配られる。

　4）**警　備**　警備は，建物内外の施設に対する防災だけでなく，資料や入館者の安全にも配慮される。建物出入り口の開閉，各ゾーン各部屋の開閉や鍵の管理，収蔵庫・展示場の警備，各施設内の巡回などさまざまである。

オフィシャルなゾーンへの館外者の立入りのチェックや，さまざまな荷物を運んでくる車両に対するチェックや指示も重要な役割である。特に催事準備が重なるときの，搬入口や搬入エレベーター，駐車スペースなどの準備や振り分けは，たいへんな作業となる。学芸員としても，特別企画展を準備したり片づけたりするときにはこうした部分にも配慮し，警備と相談しながら段取りしなければ，作業はスムーズに運ばない。

また，収蔵品だけでなく展覧会準備中の借用資料に対する安全確保は，博物館の信用と責任という点からも重要であり，警備担当者だけでなく学芸員，館員の意識が求められる。

4. 人が博物館を支える

博物館が，学芸員だけで成り立っているのではないということから本論をはじめた。できるだけ客観的な枠組みで館員の役割をまとめ，具体的にどのように博物館を支えているかを分析した。結果は，館員が分担する役割の種類や内容の問題だけでなく，常に入館者に対してそれぞれが協力しあうという役割と姿勢の中にこそ，博物館の活動を支えていくポイントがあることを理解してもらえたと思う。

一方で，日本の博物館が恒常的に抱える問題として，人的体制の不十分さがある。例えば学芸員を見れば，博物館が入館者や地域に対して活動を充実させていけばいくほど，博物館活動の多くに関わる学芸員の役割は多様化・多面化していく。

悪く考えれば，人的体制・経済的体制が決して十分とはいえない日本の博物館において，求められる活動が増えることによって館員の仕事が増えることになり，学芸員の負担も大きくなる。資料という博物館を支えるもっとも基本的なものについて，調査研究や保存・管理を行う時間や人手を減らしてまで，他の博物館活動に従事しなければならないとしたら，決してそれは大方の望む方向ではないだろう。

また，博物館資料を扱った専門的研究と博物館教育普及活動を相互に関連を

もたせながらバランスよく行うことができれば，博物館における新しい研究分野が開拓できる可能性がある。また，運営を総合的に研究する博物館学芸員という研究者を新たに位置づけていける可能性もある。そして，こうした研究の成果が入館者や地域へのさまざまなサービスという形で還元できれば，博物館の活動をさらに活性化することもできる。

　こうした二面性は学芸員に限ったことではない。明らかに他のセクションの館員にもこうした点が指摘できる。それぞれの役割は博物館特有のものではないが，博物館を構成する資料と施設の要素に関連して重なり合うとき，博物館独自の専門性が生まれてくる。これらに従事する館員が相互に連携をもちながら地域や入館者に対して活動することによって，学芸員とはまた違った成果をサービスという形で提供することができる。

　つまりは，博物館を支える人々の目がどこに向けられるかであり，それが博物館の原点である資料と入館者である限り，どのような体制であっても協力していく意思と方法さえあれば，博物館を活性化させていくことが可能である。そこでは館員一人ひとりの意識がもっとも重要であり，そういう意志をもった人こそが博物館を支えていると言っても過言ではない。

第 5 章
社会的存在としての博物館

1. 博物館の現状

（1） 博物館の社会的位置づけ

博物館は社会から孤立して単独で存在しているわけではない。博物館が社会の中でどのような位置づけにあるのか，5-1図を参照しながら述べることにしよう。

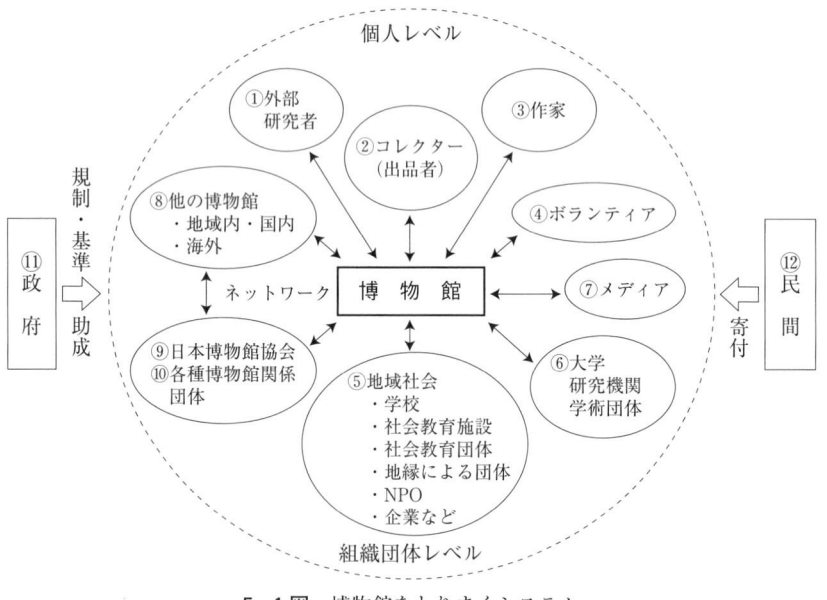

5-1図　博物館をとりまくシステム

まずは点線で囲まれた内側について説明することから始めたい。博物館の基本的機能である収集，保管，教育普及，調査研究は，学芸員をはじめとする博物館職員が担うものであるが，彼らだけで行われているわけではない。博物館外には，協力者として，大学や研究所に勤務する職業研究者から市民（アマチュア）研究者までさまざまなタイプの外部研究者（①）がいて，博物館の調査研究活動を支えているし，また収集，保管ということであれば，個人（または企業などの）コレクター（②）の存在も重要となる。美術館の場合であれば，作家たち（③）の存在も忘れてはならない。また，教育普及を中心に，地域に住む市民がボランティア（④）として活動し，時に学習活動を，時に他の利用者への奉仕活動を行っている。

さまざまな"個人"が博物館のまわりに存在し，館の活動を支えているわけであるが，個人だけではなく各種組織・団体と博物館との関係も同様に重要である。学校五日制とともに地域の学校との連携はますます重視されるようになり，同時に学校以外の社会教育施設，あるいは社会教育団体，地縁による団体，さらにはNPOや企業とのパートナーシップも求められるようになっている。これらは5-1図では地域社会（⑤）と一括しておいた。もちろん，博物館が調査研究を行う存在である以上，地域社会だけにとどまらず大学や研究機関，学術団体（⑥）との組織同士の関係も必要だろう。人材養成という点からも，大学との連携はもっと考えられてしかるべきである。

各種組織や団体と言う場合，メディア（⑦）との関係も大きい。特に日本の博物館は新聞社との共催展が多いという，諸外国から見ると特殊な事情も抱えている。

もちろん，博物館同士の関係も忘れてはならない（⑧）。それは地域内あるいは国内の場合もあるだろうし，外国の博物館との関係もある。そして博物館同士をつなぐ財団法人日本博物館協会（⑨）をはじめとする各種の博物館関係団体（⑩）がある。

さて，点線の内側が博物館活動を実践的かつ直接的に支援するために結ばれている「博物館を中心としたゆるやかなつながり」を表しているとすれば，点線の外側は間接的に博物館を支えるさまざまなしくみを表している。独立行政

法人か，公立か，それとも私立かといった設置形態によって異なるが，おもに政府セクター（⑪）は博物館法等の各種法令によって規制あるいは基準を示すと同時に助成を行い，一方で民間セクター（⑫）は寄付という形を取りながら博物館を外部から支えている。

このように博物館は社会の中のさまざまなアクターと関係をもっているわけだが，そのことは博物館が政治，経済，教育等々の動きから離れては存在し得ないものであることを物語っている。そのことを最初に押さえておきたい。

(2) 孤立的，閉鎖的な博物館

ただ，5-1図はあくまで理念型にすぎない。現実はどうだろうか。

日本博物館協会編『日本の博物館の現状と課題（博物館白書平成11年版）』(1999, p.106-120) には，現在それぞれの博物館が直面していると思われる問題点，および博物館界が抱えていると思われる問題点について，同協会の調査結果がまとめて掲載されている。調査によると，それぞれの博物館が抱える問題は財政面から，施設や設備，人員，運営，展示，資料等々多岐に渡るものの，ここでは「社会的存在としての博物館」という本章のタイトルに照らして，主に博物館と他施設・地域等との交流・連携という点について見てみると，例えば，「外国の館との交流に欠けている」を「あてはまる」「まああてはまる」と回答した館は全体の73.0%であり，また，「大学や研究機関との連携が不足している」68.2%，「学校教育との連携が不足している」63.6%と，交流・連携不足を問題として挙げる館は多い。また，「市民のニーズに応えていない」52.4%，「地域との関係が希薄」45.9%など，博物館を支える母体となるはずの市民や地域とのつながりにも問題を感じている博物館は多い。

同様に，博物館界の問題点としては，「国際化に立ち遅れている」72.2%，「他施設との連携が閉鎖的」62.0%，「市民のニーズに応えられていない」61.2%，「地域から遊離している」46.3%となっており，これらの回答から，博物館はいまだ孤立性，閉鎖性が強いという側面があることがうかがえる。

(3) 博物館と経営

　地域や他機関，海外との連携不足，市民ニーズに応えられていないという問題点は，来館者数の減少という形を取って現れており，博物館界に危機感が強まっている。博物館は十分に社会から支持されていないと感じている識者は少なくない。

　例えば，日本の美術館に関して，岩渕潤子は「多くの場合，誰にも望まれずに税金によって設立されている」「そのほとんどすべてが，美術館を設立する人（設立に携わる人々）のモニュメントに過ぎない」と述べ[1]，また，1999年に開館してわずか10年で閉館することになった名古屋ボストン美術館についても，観客側の問題として「美術館は『お上』が勝手に造ったもので，自分と切り離された存在と考えていることです。だから『お客が入らないならつぶれて当たり前』となり，なくなると地域にマイナスだという発想がない」「文句は言うが，サポートはしない人が多い。公共施設は使う人がいるから存在できる。自分が利用することが施設を支える意思表示になるという発想をもってほしい」（朝日新聞夕刊，2003.8.9）と厳しい発言を続けている。ここには，（美術館を含む）日本の博物館は社会から十分な支持を受けていないという忸怩たる思いが濃厚ににじみ出ている。

　博物館数は戦後一貫して増加を続けてきたが，前述の名古屋ボストン美術館や，東京都近代文学博物館（2002年3月閉館）など，ここへきて閉館という事態に追い込まれる博物館も目につくようになった。一方，2001年4月の国立博物館，国立美術館，国立科学博物館の独立行政法人化以後，国立博物館では厳しい経営感覚が求められるようになり，多くの来館者を呼び込むような企画展が開催され話題となっている。例えば，京都国立博物館で2003年から2004年にかけて開催された「スター・ウォーズ展」は，慣例を打ち破る挑戦かそれともミスマッチかと論議を呼んだが，これはほんの一例に過ぎない。公立館でも，例えば，東京都写真美術館や東京都現代美術館では，民間企業出身者を館長に

---

1) 岩渕潤子『美術館の誕生：美は誰のものか』中公新書　1995　p.214-5.

据えて，赤字経営の建て直しを図るべく努めている。現在，博物館は利用者を増やすため，ひいては社会的支持を受けるため，博物館経営という難しい問題に直面している。

2. 知識創造する博物館：博物館と市民との関係を探る

（1） 知識創造博物館

より多くの人に利用されることが社会的支持を受けることにつながると考えることには異議ないものの，博物館が集客力に優れた企画展を実施する場とイコールになってしまうと，テーマパークと何ら変わりがない。

そもそも，社会の中で孤立せず，しっかりとネットワークを張った博物館に対して，私たちはどのようなことが期待できるのであろうか。博物館が収集，保管，教育普及，調査研究を行う先に，一体どのような地平が開けるというのであろうか。

近年，知識創造企業，知識創造自治体という言葉が聞かれる。企業や自治体は，単に環境の変化に反応しながら所与の知識に基づいて活動しているのではなく，「知識を創造する主体である」と明確に述べるための用語として使われている[1]。

博物館も，同様に，知識創造博物館であることが志向されるようになっている。このことはとりわけ，博物館への市民参加の文脈で語られる傾向にある。

博物館は利用者（おもに来館者）を，メッセージを与えるべき受身の対象としてとらえてきた。現在でも多くの来館者にとっては，博物館によって提示された展示の見学がおもな行動パターンであろう。しかし一方で，博物館職員等

---

1) 「知識創造企業」や「知識創造自治体」について，詳しくは，北陸先端科学技術大学院大学知識科学研究科監修，杉山公造・永田晃也・下嶋篤編著『ナレッジサイエンス』紀伊國屋書店　2002や，野中郁次郎・紺野登『知識経営のすすめ：ナレッジマネジメントとその時代』ちくま新書1999を参照されたい。

と交流し協働して知識創造に携わるパートナーへと，そのイメージを変えるべきような利用者も生まれつつある。重盛恭一によると，博物館の中で「行政，ミュージアム関係者と市民で構成する集団が，共同学習を通じた相互作用による成果として，創造性豊かなミュージアムづくりを行う新たな活動」が随所に見られるというのである。各々の博物館の中から新しい知，価値を生み出していこうとする動きであり，重盛はこれを「コプロダクションによる知識創造型ミュージアム」と名づけている[1]。その場合，博物館職員は一方的な知識提供者ではなく，知識創造における市民のパートナーであることが求められる。

この点について，重森臣広による図を参照しつつ説明しよう（5-2図）。[2]

重森がこの図で示したのは，情報化時代における博物館のあり方である。博物館の根幹は中央に位置する「知識・情報」である。この知識・情報は実空間としての博物館および仮想空間としての博物館で，展示，データベース，レファレンスを通して入手することができる。博物館において既に蓄積されている「知

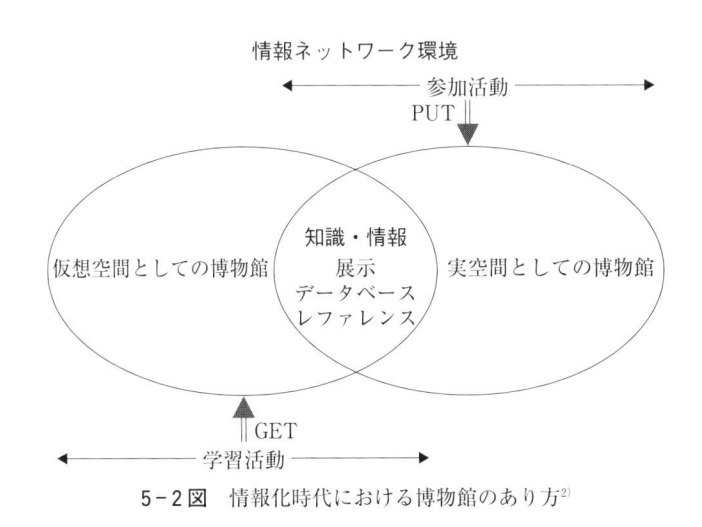

5-2図　情報化時代における博物館のあり方[2]

---

1) 重盛恭一「市民とミュージアムのパートナーシップ構築に向けて：最近のミュージアム主導の市民参加について」『日本ミュージアム・マネージメント学会研究紀要』No.2　1998　p.21.
2) 重森臣広「博物館に期待される効果と時代特性」村山皓編『施策としての博物館の実践的評価―琵琶湖博物館の経済的・文化的・社会的効果の研究―』雄山閣　2001　p.135.

識・情報」を獲得（GET）する過程が博物館における学習活動と言えよう。しかし，博物館の「知識・情報」は，不変ではなく絶えず更新されるものである。5-2図で表されている「知識・情報」を入力（PUT）する過程とは，実空間としての博物館で職員から利用者まで実際にさまざまな人々が集い，交流し，対面的な意思疎通を行いながら協働して「知識・情報」の生産的創造活動を行うこと，また，仮想空間としての博物館における交流の中で行われる創造活動のことを指す。

博物館がテーマパークとは異質の知的施設である限り，そこは知識あるいは情報をダイナミックに生み出す場であらねばならない。しかし，博物館が閉鎖的，孤立的であるならば，活発な創造活動は望めない。5-1図で示したような多様な個人や組織団体との連携と交流によって，博物館にとっての中核であるところの「知識・情報」が日々蓄積され更新されるならば，魅力的な施設として利用者の目に映ることであろう。

（2） 博物館における知識創造プロセス

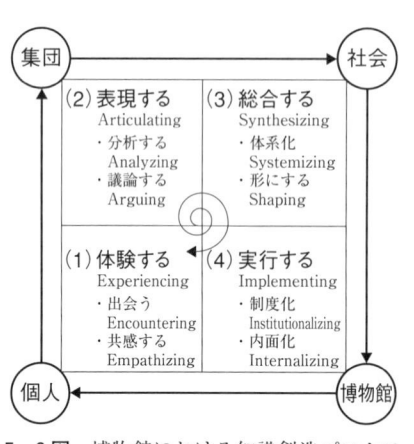

5-3図　博物館における知識創造プロセス

では，博物館における知識創造はどのようなプロセスを経て行われるのだろうか。その点をもう少し詳しく見てみたい。

5-3図[1]は博物館における知識創造を概念化したものである。図左下の「体験する」から時計回りに説明してみよう。

博物館職員や利用者を含むさまざまな個人は，（仮想空間をも含む）博物館空間で博物館が保有する既存の

---

1) 5-3図は前掲『ナレッジサイエンス』p.63に掲載されている，知識創造自治体における「政策知創造プロセスのEASIモデル」を参照に，筆者が若干の修正を加えたものである。

知識に出会い，共感するなどといった体験をする。(1)

次に，その体験は単に個人の内面にとどめおかれるだけでなく，さまざまな形で表現される。例えば，展示の解釈はそれを見た個人によって異なるため（第7章博物館の利用を参照），その多様な解釈は（そのような場さえあれば）集められ，分析され，議論されることになるだろう。この過程は個人が集まった集団が主体となる。(2)

本章の1節で見たとおり，博物館は単独に存在するわけではない。博物館をとりまくさまざまな主体から評価を受け，その中でもまれる過程の中で，新たな知識として体系化され総合される。(3)

評価の定まった，確定した知識になると，それをもとに博物館では新しい展示が作られるなどの博物館活動が実行に移される。(4)

そして，再び(1)に戻って，新しい知識が新しい体験を生む。

このようにそれぞれのステージごとに見ていくと，博物館は知識創造のために何ができるかが見えてくるだろう。それはすなわち，「出会い，体験の場としての博物館」であり，「表現，分析，議論の場としての博物館」であり，さらには他機関との連携・交流の先にあらわれる「総合の場としての博物館」，そして生み出された新しい知識を「実行する場としての博物館」としての役割を果たすことである。

（3）博物館が保有する知識・情報へのアクセス

ところで，博物館が保有する「知識・情報」とわれわれが言う時，それは博物館が収集し保管する博物館資料にそもそも由来するものである。そこで，博物館の知識・情報に出会い，体験するとはどういうことかを考えるためには，単に博物館が企画し実施する展示，あるいは講座等のイベントへの参加だけでなく，博物館資料それ自体へのアクセスについても考察せねばならない。

博物館を博物館たらしめている所以，あるいは博物館が他の機関より卓越している点とは，オリジナルを中心とした資料を有するということは言をまたない。博物館の存在意義が社会から厳しく問われるようになっている現在，博物館資料を公共の財産とみなし，博物館職員は資料の所有者ではなく受託者とし

て，管理すると同時に一部の研究者や学生だけにとどまらず幅広く一般の人々に公開すること，その点に博物館の公共性を見出そうという論も見られる。[1]

そのように考えられるようになってきた背景には，展示や講座などによる博物館側からの一方的な情報発信の限界，あるいは「普遍的な価値」という考え方の終焉が指摘される。展示というものは，収蔵されている資料のごく一部を用いて展示担当者の意図に基づき「つくられた記述」であって，無知な来館者がそれによって啓蒙される類のものではない。来館者にとって，展示はあくまで参考，動機づけ，問題提起であって，むしろ展示を見終わった地点が始まりであり，彼らの学習，研究を進めるため，展示の根拠となったあらゆる資料が利用できるよう公開されることが必要だと言うのである。利用者サイドから眺めても，生涯「学習」，さらには生涯「研究」に対する需要は高まりつつあると言える。

現実には博物館の人的体制の不備などもあり，すぐにすべての資料をすべての人へ公開するというのは難しいだろうが，博物館での出会いや体験は，何も展示室や講座室で実施される教育普及活動の中だけではなく，博物館の核とも言える収蔵庫でも行われ得ることをここで指摘しておきたい。

3. 博物館の政治性

(1) 博物館と利害関係者（ステークホルダー）

さて，知識創造ということに関して，別の観点から更に述べてみたい。

新しい知識を創造する過程には，既存の知識に対する批判的な検討を行うこと，換言すれば，価値の組み替えが不断に生じることを含んでいる。その意味するところは，とりわけ論争的問題を含むテーマを扱うときに顕著となる。博物館は社会の各層から集中砲火を浴びる危険性と絶えず表裏一体の存在ということである。5-1図に戻ると，博物館は社会の中に埋め込まれて，さまざま

---

[1] 佐々木秀彦「公共財としての博物館資料―アクセスを保証する資料整備・公開体制の構築：人文系博物館を中心に―（上）」『博物館学雑誌』第27巻第1号（通巻35号） 2002 p.13-24.

な個人や組織団体からのサポートを受けて存在しているが，裏返せば利害関係者（ステークホルダー）が多いということでもあるために，各方面へ配慮せねばならない場面に直面するということになる。展示作成者，あるいは博物館設置者の独自の判断だけで決められないことは多い。

例えば次のような記述が見られる。

> 科学館において科学技術を展示する場合，企業や大学の研究室から情報や製品，実験装置などを受領，借用するのが一般的である。これらの協力者は展示物が社会において負のイメージを持つ展示方法を極端に嫌う。これは，提供する立場に立てば当然のことであり，学芸員にとっても配慮せねばならぬ重要な事項である。そして，実際この配慮のために展示しないという選択もままある。[1]

科学館だけではない。館種を問わず，博物館には有形無形さまざまな圧力がかかることがある。一例を挙げると，1999年夏以降，新・沖縄県立平和祈念資料館における沖縄戦の展示案をめぐって，県が監修委員会に無断で変更を加えたとして，琉球新報や沖縄タイムスを巻き込み大論争が起きたことがある。「県の変更は沖縄戦の残虐さを意図的に薄めようとするもので断じて許されない」との世論からの圧力を受け，監修委員会で作成された当初の案に戻されることとなったが，設置者たる県が県の判断だけで博物館を作るわけにはいかないことを示した好例だろう。

これには両面性がある。博物館で提示されるメッセージは各種資源を豊富にもつ者の操作を受けやすいが，社会の監視を受ける中で独善に陥ることが避けられるという側面，その一方，社会からの圧力に配慮するあまり展示担当者の学問的な自立を制限してしまうという側面である。どちらの側面がより強いかはケースバイケースのため一概には言えないが，博物館展示には表に現れないさまざまな政治が隠されているということは，ここで押さえておいていいだろう。

実はこれは日本だけの問題ではない。『スミソニアンは何を展示してきたか』

---

[1] 牛島薫「博物館・科学館における生命科学・バイオテクノロジーに関する展示のありかた」(財)日本科学技術振興財団『平成14年度　生命科学技術をテーマとした博物館活動事例調査　調査報告書』2003　p.43.

の序文でエミー・ヘンダーソンとアドリエンヌ・L・ケプラーが述べているように,「テーマ中心の博物館の出現は,学芸員や,収集や展示を担当する専門家にとって,社会的,政治的,倫理的,文化的な問題に幅広く直面せざるを得なくなった」[1]のである。例えば,スミソニアン協会では航空宇宙博物館で企画されたエノラ=ゲイの展示方法をめぐって空軍協会と退役軍人会から圧力がかかり,またアメリカ歴史博物館の常設展示「アメリカの生活における科学」に対しては,アメリカ化学会および物理学会から,科学技術の成果を不当に低く評価したバランスに欠ける展示であるとの攻撃を受けることとなった。さらに目を他国に転ずれば,ドイツで左派系の民間シンクタンク,ハンブルク社会研究所が開催した巡回展「絶滅戦争・国防軍の犯罪 1941-1944」に対し,反対デモ,対抗デモが起こるという大騒動となったことが紹介されている。[2]

本章の2節で述べたように,博物館では「普遍的な価値」を見せるという考え方が消滅した。代わりに一般化しつつあるのが「フォーラムとしての博物館」という考え方である。「フォーラム」とは古代ローマ時代の公共広場に由来し,現在では一般に公開討論が行われる場のことを言う。「フォーラムとしての博物館」とは,さまざまな価値観を示し,博物館を意見交換の場にするという考え方であり,1970年代前半より唱えられるようになったものである。5-3図の(2)の中に「議論する」という項目が見られるが,まさに博物館はその内外で議論を闘わせる場(あるいはその契機)としての機能を持つようになっている。

しかし,言うは易く行うは難し,広場にはさまざまな価値観を持った多様な人々が集う。その中にはどう頑張っても歩み寄り不可能と思われる一群もいれば,暴力に訴えるものも混じることがある。それほどまでに知識創造,あるい

---

1) A.ヘンダーソン,A.L.ケプラー編,松本栄寿・小浜清子訳『スミソニアンは何を展示してきたか』玉川大学出版部 2003 p.3.
2) 以下を参照されたい。山本珠美「博物館のディレンマ―スミソニアン航空宇宙博物館の原爆展論争に関する一考察―」『東京大学大学院教育学研究科紀要』第36巻 1996 p.465-473.山本珠美「公衆の科学理解と科学館展示―論争的な現代科学技術の学習/教育原理に関する序論的考察―」『東京大学大学院教育学研究科紀要』第40巻 2000 p.261-270.木佐芳男『〈戦争責任〉とは何か:清算されなかったドイツの過去』中公新書 2001.国立歴史民俗博物館編『歴史展示とは何か:歴博フォーラム歴史系博物館の現在・未来』アム・プロモーション 2003.

は価値の問い直しは厳しい営為であり，博物館はその厳しさの中に存在しているということは強調してもしすぎることはないだろう。

（２）"今，ここ"に関わる博物館となるために

「知識創造博物館」と言うにせよ，「フォーラムとしての博物館」と言うにせよ，旧来「博物館行き」という言葉から博物館は過去に関わるものであると考えられていたのとは違って，たとえ扱っているテーマが過去のことであったとしても"今，ここ"における価値判断こそが問題となっていることが注目に値する。

その場合の"今，ここ"とは，他の誰かにとっての"今，ここ"ではない。博物館を利用するすべての人にとっての"今，ここ"である。例えば遺伝子組み換え技術に関しての展示の前に立っているとしよう。その展示には「あなたは遺伝子組み換え食品を食べますか，食べませんか？」と聞くコーナーがあることもある。判断を求められるのは，他でもない，展示を見ているその人である。

このように，来館者にただ単に一方的に知識・情報を与えるのではなく，判断のもととなる知識・情報を与えた上で，来館者の意思決定を支援するような展示手法が開発されるようになっている。5－3図に戻れば，段階(2)の「表現する」を促すような展示の仕かけである。

博物館は知識・情報との「出会いの場」としてさまざまな仕かけを用意してきた。それは時に参加体験型展示と呼ばれたり，ハンズオンと呼ばれたり，またエコミュージアムのようにまちの空間自体を博物館としてしまうやり方だったりした。しかし，博物館はそれだけではない。そこに集う人々が「表現する（分析する，議論する，または対話する）」仕掛け，そして「総合する」ための連携体制，さらにそれらを十分に「実行する」ための博物館職員の学問的自由，これらは次の課題として残されている。博物館が"今，ここ"ですべての人が議論を交わしながら新しい知識創造をする支援機関となるならば，その時こそ博物館は社会的存在として多方面から支持された存在となるであろう。

第6章
地域施設としての博物館

1. 地域博物館の現在

（1） 博物館にとって地域とは

1） 地域文化の拠点としての博物館　　1960年代後半から，多くの博物館が建設され，その動向は一つのブームともいえる状況を呈してきた。設置された博物館には，地方自治体によって設置された公立の地域博物館が多く含まれている。従来，地域に所在する博物館は，民具等を収集して保存・展示することを目的とした郷土資料館や，主に名所・旧跡や特産物等を観光的な観点から紹介するための施設がほとんどであった。

それに対して，近年開設された地域博物館は，設立の経緯に違いはあるが，従来の郷土資料館のイメージを抜け出し，地域史の解明や地域文化の向上を目的として，市民の生涯学習に対応できるような施設規模を備えた博物館が多くを占めるようになっている。地域博物館が，次第にまた着実に地域に定着しはじめているのである。

また地域博物館の中には，博物館が積極的に町づくりや地域の活性化を担っていくという目的から，展示室に大きな模型やハイテク技術の展示装置を設けたり，テーマパークの要素を取り入れたりして，話題を呼ぶ事業を展開させるといったところもあり，博物館の大型化やアミューズメント化の傾向も見受けられる。

このような地域博物館には，地方自治体の直営のもの，財団への委託，第三セクター運営のもの，また行政と関わりなく地域の人々によって運営されるも

のなどの形態の違いがある。行政の開設したものであっても，行政の方針や関係者の意向によって，それぞれ博物館の運営や事業形態は異なっている。地域博物館は，設置者の文化意識の未成熟さ，文化行政の貧困性などの要因，さらに経済動向の影響を受けやすく，地域博物館を取り巻く状況の変化により，運営方針や事業展開に変更をもたらしたり後退するなどの不安定な弱点をもっている。また近年，財団化や委託方式の傾向がいっそう進んでいる。

　博物館が一定の水準を維持していくには，日常から学芸員を中心とする館員が博物館構想の実現に向けての共通理解を作り上げていくよう結集を図っていくことや，市民の広範な支持や信頼を受けるよう，市民に答える事業を進めていくことが必要となろう。博物館は市民生活に密着したものであっても，その機能に教育は必要なしとの論もある。[1] 地域博物館である以上，教育という固定化した枠組みではないにせよ，生涯学習の展開の場であることははずせない。

　2） 市民のための地域博物館　　近年，地域にある博物館には，従来の図書館，公民館とならぶ社会教育施設としての位置づけにとどまらない多様な機能が期待されている。

　地域博物館を考えるうえで，まず伊藤寿朗の提起した地域博物館論が想起される。伊藤は，市民参加の博物館の実践事例を根拠に，竹内順一の「第三世代の博物館」像を発展させ，今後展開されていく博物館の理想像として地域博物館（地域志向型博物館）を提起した。ここに言う第三世代の博物館とは，「社会の要請に基づいて，必要な資料を発見し，あるいは作り上げていくもので，市民参加・体験を運営の軸とする博物館」とされる。[2]

　伊藤の「地域博物館論」は，博物館の現状からはいまだ理想像にとどまっているともいえるが，その博物館像に一つの根拠を提供した博物館に神奈川県の平塚市博物館がある。平塚市博物館は，1976年の開館当初より，市民との交流によって地域に密着したさまざまな活動を展開してきた。そこでの地域博物館のイメージは，ごくたまに訪れる「遠足博物館」に対して，市民が生活の中で

1） 水藤真『博物館を考える―新しい博物館学の模索―』山川出版社　1998　p.149.
2） 伊藤寿朗「地域博物館論」長浜功編『現代社会教育の課題と展望』明石書店　1986　p.241.

何回も足を運んで展示を見たり，行事に参加したりするなど，市民と博物館の間に親しい日常的なつながりが形成された「放課後博物館」といったものであった。[1]

また，1995年に同県に開館した相模原市立博物館は，自然保護や郷土の歴史・文化財に興味をもつ住民など，市民文化の拠点としての博物館の建設を求める市民の幅広い支持によって開設された。総合博物館と地域博物館の両面性を備

6-1図　学芸員のいる市民研究室
（相模原市立博物館提供）

えようと構想する博物館であった。当然，開設にあっては，広範な市民の博物館への思いや意見・要望が生かされている。市民の学習を支援する博物館機能の充実は，例えば図書や記録映像を備えた情報サービスコーナーや，専門書の利用や相談を受け付ける市民研究室の設置により，従来の地域博物館を一歩市民に近づけようという試みである。博物館は，地域の研究センターとしての機能をもち，市民研究室には学芸員が待機して市民の自己学習・研究に対応するなど，市民参加の推進，共同研究への継続を目指しているのである。

1996年に滋賀県に開設された琵琶湖博物館では，市民の参加が調査や展示といった一事業にとどまることがないように，テーマを持った博物館，フィールドへの誘いとなる博物館，交流の場としての博物館という三つの基本理念による「地域だれでも・どこでも博物館」を目標像として博物館事業の総合的な展開がめざされている。参加者を登録するはしかけ制度，地域学芸員の性格をも

---

1)　浜口哲一『放課後博物館へようこそ―地域と市民を結ぶ博物館―』地人書房　2000.

つフィールドレポーター制度などユニークな方法が模索されている。これらは博物館のどの事業にも市民が主体的に参加できる方法を模索していこうとする参加型博物館の実践といえよう。[1]

このような博物館を,第四世代の博物館と位置づけ,市民の文化的関心に答える博物館機能を充実して,博物館の利用者への開放をめざすアミュージアム (amuseum) の志向も強まっている。[2] 地域博物館の存在が地域の人々に知られるとともに,地域の文化的拠点として,市民の多様な要望に答えていく,利用しやすい博物館の事業の展開が求められているのである。[3]

ところで,ここにいう地域とは何をさしているのであろう。近年,地域博物館という概念自体にも多様な理解がなされている。[4] 地域博物館の多くが,地方自治体によって開設されている以上,博物館の運営は何らかの形で行政区画による地域範囲に拘束されることになる。

当然,地域博物館では,市民つまりその地域に生活する人々,在住の住民だけでなく,在勤者や在学者を含む人々が,第一義的な利用者とされよう。博物館は,これらの市民の文化的な要望に答えていくことはもとよりであるが,そこに基本を置きつつ地域を発展的にとらえて事業を展開することが必要である。

行政区画は,相対的かつ歴史の経過とともに変化していくものであり,市民も定着と流動の二面性をもつものである。歴史的にとらえても地域の概念は,決して固定したものではない。特に地域の歴史を調査し,解明することを目的とする歴史系博物館にとっては,行政区画という境界線にだけこだわりすぎると,歴史的経緯への的確な理解を妨げてしまう恐れもあろう。

地域史を展開するうえでは,自らの行政の守備範囲内のことについて,徹底的な調査を進めることはもとよりであるが,隣接した周辺地域や遠隔地であっても関連の地域には絶えず目配りする配慮が必要とされる。歴史系博物館に必

---

1) 村山　皓編『施策としての博物館の実践的評価』　雄山閣　2001.
2) 高橋信裕ほか「博物館の将来像」『Cultivate』文化環境研究所　No.2　1996.
3) 川添登監修『地域博物館への提言』ぎょうせい　2001.
4) 布谷知夫「日本における地域博物館という概念」『博物館雑誌』Vol.28　No.2　2003 p.67-76.

要なことは，地域区分に拘泥することではなく，地域史の解明を目的に広い視野から自らの地域を知ることにある。

　地域とは，行政的あるいは地理的概念からのみとらえられるものではなく，そこに生きる人々の生活と労働，文化的営為の総体であると考えるべきあり，地域博物館は，そのような地域の人々の営みを支えていく使命をもっている。

3) **地域博物館の目的**　地域博物館は，その地域によって多少の違いはあるが，多くは地域文化の向上，地域の歴史・文化の保存・伝承・活用，生涯学習への対応など多様な事業の展開を目的に開設されている。その設立主体は，一般的には地方自治体の場合が多いが，近年，自治体が開設するものの，自治体の直接運営でなく，第三セクターを設けたり，民間組織としての財団へ委託して経営するという形態をとるものなども増えている。

　また立地については，特に都市部での開設を計画する場合には，建設地の条件などについて多くの困難な問題をともなう場合が多い。博物館は，かならずしも地域の中心部に開設されるとはかぎらない。建設地は，自治体が購入した土地，既存施設の老朽化等により公有地を再利用したもの，近年では，再開発により新たに開発された土地など多様である。立地としては，史跡や遺跡に隣接しているもの，あるいは公園の一角に建てられたもの，民間で運営されていた記念館等が寄贈されたことによりそれを再利用したものなどさまざまである。町の中心部にあるもの，駅に近く交通手段の便利なもの，自然にめぐまれているが郊外にあるもの，それぞれ立地においても多様な特色がある。

　地域博物館は，立地の特性を生かした形で運営することが要請される。立地の利点，欠点をうまく活用する工夫が必要とされるのである。

　また地域博物館の利用者は，すでに述べたように，一義的には市民など地域住民であり，そこには在勤・在学者も含まれている。しかし住民だけの利用を考えるのでなく，周辺地域の人々や遠隔地からの利用の便も念頭に置く必要があろう。地域博物館は，いつでも誰にでも開かれた施設であるからである。

4) **地域博物館の活動内容**　地域博物館は，地域資料の収集・整理，調査研究，展示・普及・教育などの諸活動を基本的な機能としている。これらの機能は，相互に関連しあっていて別々に切り離して考えることはできない。博物

館の多様な機能が有機的に結びついて，それらが連携してはじめて効果的な事業展開がなされるのである。まず地域資料の収集であるが，収集方法としては，一般的な博物館と同様に寄贈，購入，寄託，採集・発掘などを挙げることができる。

　地域資料の収集や整理にあたっては，収蔵された資料そのものに着目するだけでなく，資料の伝来の経緯や関連の資料についてなど多様な情報を整理することが必要である。また資料収集の範囲であるが，行政区画が相対的なものであっても，その地域の資料については極力収集すべきであり，地域資料をどのような活用にも対応できるように備えることが必要とされる。そのうえで，資料収集や活用について他の博物館と連携していくならば，それぞれの博物館の利点を生かすことによって，地域性の限界を超えた活動の可能性が開ける。

　また収集や整理を進めるうえで，地域の人々の情報の提供や協力が必須であり，そのことは地域活動や生涯学習を進めるうえでも重要な要件となる。

　歴史資料となると，特に他地域の博物館・大学・図書館等に所蔵されている関連資料の情報も幅広く収集する必要がある。資料が相互に関連しあっているように，地域も分断されたものでなく一続きである。当然，地域博物館も単独に存在するものでなく，他の博物館や関連機関とともにあるからである。

　収集した資料は，受け入れただけではまだ博物館資料ではない。博物館において整理されてはじめて活用できる資料となる。また受け入れる以前からの調査や研究も重要である。整理にあっては，事前あるいは受け入れ時に，資料に関わる情報だけでなく，資料の所在する地域の特性，資料の伝来などの歴史的経過，他の資料との関連性などを踏まえておく必要がある。特に一括して残されていた群れ資料については，資料の全体像を明確にしたうえでの整理が必要となる。また整理済みの資料については，資料データを整えて，いつでも活用できるようにする。さらに資料の調査研究を進め有効な活用を図ることによって，資料価値は高まっていくとともに，次の資料収集にも役立つのである。

　博物館に収蔵された地域資料は，収蔵庫に保存し良好な状態を維持して永く次代に伝えていく必要がある。しかし収蔵しているだけでは，資料を死蔵しているのに等しい。地域資料は活用されてはじめて生かされるのである。活用の

方法には，展示による公開や調査研究の成果を発表することなどがある。

　展示ついては，常設展示にせよ特別展にせよ地域博物館にとっても基本的な事業であり，利用者からいちばん求められるところである。資料を良好に保存することと公開することは，ある意味では裏腹な行為ともいえるが，資料の活用という点では，資料の保存に最大の配慮を払いつつ，積極的な公開を図ることが必要であろう。特別展の開催は，集客の点からも最大の事業に位置づけられる。また，今後は資料の利用者に対して，多様な問題があるが展示にとどまらず閲覧等の方法で，公正に資料公開を進めていくことも課題となろう。

　近年，地域文書館が開設されるようになったので，地域博物館でもその動向に関心を向けるとともに，文書館の運営の利点を取り入れるなどの工夫も必要とされよう。他の博物館と同様に文書館との協力や連携を考える必要がある。

　また地域博物館には，地域資料の保存・公開を図るだけでなく，生涯学習に対応した事業展開が期待されている。施設・設備の点でも，図書室をはじめ研究や教育活動のできるスペースやくつろぎの空間を組み入れるなど，利用しやすい工夫がほどこされるようになっている。生涯学習の時代を迎えて地域博物館の存在意義は，多様な年齢層にわたる市民の求めに応じ，その多様な問題関心にどこまで真摯に答えていくことができるかにかかっている。

（2）　地域博物館の展開

1）　**地域施設としての役割**　　地域博物館は，設置主体により，大きくは都道府県立のものと市（区）町村立のものとに分かれる。つまり都道府県レベルの広域的なフィールドを対象とする博物館と，市（区）町村レベルの比較的狭い行政範囲をフィールドとする博物館の違いがある。都道府県レベルの博物館は，施設という点では，大規模な博物館が建設されている。従来，自然科学系と人文系からなる総合博物館の性格をもつものが一般的であった。近年の動向を見ると，従来の形態から，自然科学系と人文系とを分離・独立するケースも見受けられる。例えば神奈川県では，1995年に既存の博物館を歴史博物館として整備し，新たに自然科学系の生命の星・地球博物館を新設した。さらに各地で，科学博物館，自然史博物館，平和・人権博物館など多様な専門分野に分化

した形で博物館の開設が進められる傾向もある。

　人文系・歴史系博物館の場合を見ると，一博物館で比較的広い地域を包括しなければならず，その全体像をとらえることは難しく，運営上にも難点がある。

　例えば常設展示では，歴史をテーマとして地域の全体や歴史的事象をくまなく網羅することは不可能に近いなど，市（区）町村レベルの地域博物館との事業の連携や相互協力が必要となる。その限界を補う試みの一つとして，移動博物館や出前授業などの実施が挙げられる。三重県博物館協会では，博物館利用の不便な地域に移動博物館を開催し好評を得ている。[1] 栃木県立博物館でも，教育・普及活動の一環として学校移動博物館を実施しているなどの事例がある。[2] 移動博物館の試みは，求めに応じてどこの地域においても博物館活動を展開できることから，今後ますます盛んになることが考えられる。この試みには，ただ各地で博物館資料を展示するというだけでなく，それぞれの地域の人々との共同企画や調査の実施，また調査や展示開催後の報告書づくりなどのように，移動博物館活動を契機とした市民との継続した事業展開が期待される。

　また県レベルの博物館では，県内の博物館の情報を集中させる情報センター機能や，地域博物館のネットワークの調整役などが重要な機能として要請される。この機能が有効に働くならば，地域博物館の連携はさらに密なものとなろう。

　2）　市民に支えられた地域博物館　　地域博物館のなかには，行政的に設けられた博物館だけでなく地域の人々の住民運動など，草の根の市民の活動を契機として開設されたものも多い。

　例えば，千葉県の君津市漁業資料館の事例を見てみよう。資料館は，東京湾内湾の海苔養殖地であった君津市の漁業関係者が，高度経済成長期に漁業権を放棄した後に君津市漁業資料保存会を設立して続けてきた漁業資料の保存運動を契機としたものであった。1981年の保存会設立とともに，関係者によって旧消防機庫を改造した漁業資料館が設けられ，その活動の延長線上に1988年に

---

1)　小沢仁「移動博物館について―三重県博物館協会―」『博物館研究』Vol. 25　No. 2　p. 18-20.
2)　清水昭二「学校移動博物館―児童・生徒は何に興味をもつのか―」『博物館研究』Vol. 28　No. 8　p. 16-19.

なって，新たに資料館が建設されたのである。このように君津市漁業資料館は，海苔の博物館として，地域の人々の生活者としての視点に立脚し，漁民の営みと存在の証でもある資料を守り生かしていこうという熱意による粘り強い運動に支えられたものであった。[1]

また，地方自治体とは別に，地域の人々の力と知恵によって開設され，運営されてきた私立の地域博物館の事例としては，新潟県糸魚川市の塩の道資料館を挙げることができる。

塩の道資料館は，同市の根知地区の青年団による村の民俗資料を中心とした地域資料の収集・保存活動から生まれた根知民俗資料館に始まる。根知青年団は，1970年代の地域開発の進展の中で，崩壊や変貌に直面した地域を守ろうという問題意識から，1973年に自らの手によって公民館の2階を借用して民俗資料館を開館したのである。その後，青年団員を中心に民俗資料の収集，展示，調査研究などの活動を続けるとともに，教育活動に力を入れ，村の生活の歴史を知るための住民による展示解説，体験学習，フィールドワーク，イベントなど地域の生活課題に着目した地道な活動を持続させたのである。1983年には塩の道資料館と館名を変更し，「村の生活の伝承」を目的とした活動を展開することによって，地域の博物館としての存在を主張している。[2],[3]

3) **地域博物館の事業展開**　現在，地域博物館は，着実に各地域に密着して展示をはじめとする学芸活動を蓄積しつつある。だが，利用者がまだまだ少ないという現実もある。地域博物館は，地域性や立地，また設立経緯などによるそれぞれの特色や制約をもっている。事業展開にもその特色を生かした運営が必要である。地域の課題を的確につかんで，テーマを掘りさげていくことが求められているのである。博物館は，まず地域の歴史・文化を丁寧に，そして深く明らかにするさまざまな事業を進める。自らの地域を明らかにし，他地域

---

1) 君塚仁彦「高度経済成長期における地域変貌と博物館運動」東京学芸大学教育学部生涯教育研究室『研究紀要』創刊号　1995　p.17-23.
2) 森本いずみ「地域における民俗博物館の役割―『塩の道資料館』の活動を通して―」『博物館学雑誌』Vol.19　No.1・2　1994　p.34-48.
3) 森本いずみ「民俗博物館としての『塩の道資料館』の活動」『博物館学雑誌』Vol.23　No.1　1997　p.23-35.

6-2図 地域博物館の展示解説ボランティア
(すみだ郷土文化資料館提供)

との比較に進む。さらに広域に視野を広げていく。この連関のなかで地域をさらに明らかにすることができる。

地域博物館は，一過性の利用でなく継続的に利用される施設を目指す必要がある。それは地域の人々に信頼される生き生きとした施設として，博物館が市民の生活の中にしっかり位置づいていくことである。そのために地域博物館では，地域に即した体験学習の事業や共同研究を実施し，地域の人々が参加したり発言したりできる多様な機会を提供していかなければならない。また，事業にとどまらず運営への市民参加についての模索も始まっている。従来の友の会組織だけでなく，新たに展示解説ボランティアや，地域の歴史・文化財や自然・地域景観の調査員，解説員等をおいて，協力を求めていく館も増えている。

地域博物館の事業には，あらかじめ定められたカリキュラムがあるわけではない。博物館が，それぞれの立地や館の特色を生かした活動を工夫して創造していくことがいちばん適切な方法である。前述の平塚市博物館では，開館当初から市民とともに地域調査を実施してその成果を博物館事業に生かしている。植物やツバメの巣の分布調査など生物分野の調査に始まり，石仏を調べる会，地層観察会など地域を知るためのさまざまな共同調査を実施し，さらに漂着物を拾う会，相模川を歩く会などユニークな調査活動に発展している。ここでの市民参加は，調査体験への参加でなく調査そのものへの参加であり，各調査の進展は，各地域の情報を得るネットワークの形成をもたらした。[1]

地域のフィールドワークという点では，東京都の豊島区立郷土資料館でも，

地域課題に接近するため「そとにでる博物館」を目指し，積極的に住民とともに野外に出ていく実践を続けている。区内にあった江戸時代の千川上水の流路をさかのぼる現地学習や，継続した戦争体験継承講座の実施など多様な試みを続け，その成果は，しっかりと展示や資料集作成に生かされている。[1]

また東京都の府中市郷土の森博物館では，広大な敷地を生かして，子どもたちの「こめっこクラブ」を組織して，園内の田んぼで無農薬での米づくりを進めている。都会に住み田舎の暮らしを知らない子どもたちは，四季のサイクルに合わせて，田植えから，稲刈り，脱穀，もちつきなど一連の体験学習を行ない，米づくりの労働の苦労や収穫の楽しさを味わうことになる。このほか博物館では，機織り，竹細工，わら細工，和竿づくりや和凧づくり，竹トンボづくりなどの玩具づくり，園内の復元民家のイロリ端で昔話や笑い話を聞かせる森のお話会など，博物館活動を通じたふるさと体験の試みが繰り広げられている。

このように，地域博物館では，市民とともに知恵を出し合って，絶えず柔軟な発想によって，多様な試みが展開できるのである。

4) **地域博物館の連携**　地域博物館では，市民や利用者への開かれた博物館の試みを持続していくと同時に，関連の博物館や学芸員のネットワークを形成していくことも重要な仕事である。それぞれの地域に分散する地域博物館は，ともすると狭い視野に陥りがちであるので，多くの博物館との情報交換により，資料の発見，見直しをしたり，事業への発想を変える工夫をするなど，絶えずリフレッシュしていくことが必要である。このような博物館間での連携を強化するためには，そこに働く学芸員が日常から情報交換や相互批判を展開できる関係を作っていくことも重要である。ともに地域の文化や歴史を学ぶものとして，公的のみならず非公式な関係から情報交換を密にしていくことも大切である。地域博物館の学芸員の人的ネットワークの展開は，今後，きわめて大切なものとなろう。[2]

前頁1)　浜口哲一「博物館の調査活動における市民参加」『平塚市博物館年報』平塚市博物館　No.9　1985　p.77-80.
1)　横山恵美ほか「都心部地域博物館の試み」『月刊社会教育』国土社　No.470　1995　p.65-71.
2)　湯浅治久「地域博物館の現在と未来」岩波講座日本通史 月報15　岩波書店　1994　p.8-10.

特にこのような連携によって共同の展示や資料調査を実施していくことは，個別の地域博物館の限界を超える試みとして十分に成果が期待できる。

地域博物館の連携した事業の取り組みとして，東京都内の地域博物館で行われた共同開催の特別展の事例を取り上げてみよう。現在，東京の区市町村には，規模の違いはあれそれぞれ地域博物館が開設され，地域に即した事業を展開している。近年，数館が連携して特別展を開催することも試みられている。

その先駆けとなった特別展には，1994年に足立区立郷土博物館，板橋区立郷土資料館，品川区立品川歴史館，新宿区立新宿区歴史博物館の4館合同企画で実施した「江戸四宿」展などがある。[1] 東京ではこの展示を契機に，1996年の板橋区立郷土資料館，豊島区立郷土資料館，練馬区郷土資料室による千川用水を共通テーマとした特別展の開催，1998年の板橋区立郷土資料館，新宿区立新宿歴史博物館，北区飛鳥山博物館，豊島区立郷土資料館の4館合同企画で実施した「トラム（路面電車）とメトロ（地下鉄）」展など新たな動きがあった。

このような地域博物館の連携による合同の企画展示は，一館では実現の困難なテーマを共同で実施するなど，博物館の可能性をより広げていくだけでなく，博物館・学芸員間の情報交換や事業の相互批判の機会としても有効である。昨今の地方自治体の厳しい財政事情の中で，共同で展示図録やポスター等の作成のできることや，広域的な広報活動が展開できるなどの利点も指摘されよう。

6−3図　地域博物館の共同開催展・「江戸四宿」展
（品川区立品川歴史館提供）

---

1) 児玉幸多監修『特別展 江戸四宿』特別展 江戸四宿実行委員会　1994.

学芸員の交流をベースにした共同展示の開催は，さらに各地にひろがりつつある。

また特別展とともにシンポジウムを開催し，その記録を図書にまとめるという継続的な事業展開も試みられている。例えば，葛飾区郷土と天文の博物館では，戦国時代の葛西城の発掘調査により中世史研究の新たな資料が発見されるなど，近年の成果を背景に1993年に特別展「下町・中世再発見」を開催した。

展示中にそのテーマに即したシンポジウム「東京低地の中世を考える」を開催した。折しも相前後して，千葉県中央博物館では「香取の海」展，品川区立品川歴史館では「海にひらかれたまち－中世都市・品川－」展が開かれるなど，東京周辺での中世史の関心とその歴史的復元への気運が高まっていた。このタ

6－4図　地域博物館の特別展・「海にひらかれたまち－中世都市・品川－」展
（品川区立品川歴史館提供）

イムリーなシンポジウムには，中世史に興味をもつ市民をはじめ関連の地域の学芸員や研究者が多数参加し，その成果は『東京低地の中世を考える』（名著出版，1995）の図書の刊行に結実した。このような関連地域の博物館の呼応した特別展の開催を契機とした一連の試みは，今後の地域博物館の事業展開に大きな意義をもつものとなろう。

これに続いて，1997年には中世の関東地域に勢力をもった武士団・豊島氏をテーマとした特別展「豊島氏とその時代」が，板橋区立郷土資料館と豊島区立郷土資料館で開催された。近年，同地域では中世地域史研究の進展の中で，改めて豊島氏に光が当てられており，展示はこれを受けて企画されたものであった。

さらに並行して北区教育委員会による豊島氏シンポジウムが開催され,『豊島氏とその時代－東京の中世を考える－』(新人物往来社，1998)の図書が刊行された。このように，地域博物館の連携による事業展開は，着実に地域からの研究成果を蓄積し，普遍化する作業となっている。地域博物館の試みが，地域史研究の進展や市民の生涯学習にもたらした成果ははかり知れないのである。

2. 博物館と歴史意識の形成

(1) 地域の人々の営みと博物館

地域史研究の深化　地域博物館の課題の一つは，地域の歴史を解明することにある。地域史は中央の歴史の解明に重要な意味をもつが，決してその補完ではない。地域史は，その地域とそこに生きた人々の固有の歴史的意味を明らかにする試みである。その研究は，地域の人々との共同した調査なくしては進められない。

地域博物館は，市民の歴史意識の形成にも重要な役割を果たしている。

その顕著な例は，近年の博物館で試みられてきた戦争体験を検証する歴史研究である。戦後50年を過ぎ，人々の間に次第に戦争体験が希薄になり，戦争を知らない世代が多くを占めるようになった。しかし，一度世界の国々に目をやると今なお戦禍が絶えることはなく，戦争体験をしっかりと次代に伝えていく必要があることは，体験者の多くが実感するところである。

東京都内にある地域博物館の周辺には，戦争中，子どもの時代に親のもとを離れ学童疎開を余儀なくされた体験をもつ人たちも多く住んでいる。体験者のなかに疎開先を訪れたり，博物館へ保管していた当時の資料を持ちこんだり，疎開体験を伝えるための行動を起こす人々がいた。地域博物館では，当然，その地域の歴史に関連する戦時中の資料も収集しており，平和の尊さを伝えるといった視点から，戦時中の子どもの生活等が展示のテーマとして取り上げられることになった。前述の豊島区立郷土資料館や品川区立品川歴史館では，戦争

体験や学童疎開の特別展を開催したが，学童疎開体験者の協力による資料調査の中で，多くの疎開関係資料の現存を確認することになった。折しも体験者の結集によって発足した全国疎開学童連絡協議会などの活動も始まっていて，市民サイドの動きとも相まって戦争体験を伝え記録化する試みが展開された。

品川区立品川歴史館が特別展での試みをさらに深化させ，1988年に刊行した『品川の学童集団疎開資料集』は，地域博物館での学童疎開誌編纂の先駆となり各地に波及した。これは特別展や資料集編纂を通した博物館での戦争体験の検証・継承の一つの試みとして注目される。[1],[2] 博物館が資料集の刊行などの諸活動を通じて，市民の歴史研究と呼応しつつ歴史意識の形成を支えた事例と言うことができる。

このように，地域史研究を進めるうえで，調査や研究活動への市民参加は大切である。例えば，千葉県の市川市立歴史博物館の事例を取り上げてみる。博物館の近世史講座を出発点としてできた市川近世史研究会では，学芸員とともに幕末の村方文書の「御用留」の読解を続けるなど，博物館を拠点に地域史研究の研鑽を蓄積して，史料集『市川近世史料集』を刊行するに至っている。[3]

近年，このような事例が多くの博物館に見られる。博物館活動を契機とした地域史研究の成果は，記録され，活用できる資料として地域へ普及するとともに，さらに博物館活動を展開していくための財産ともなっていく。

（2） 地域史研究と博物館

1） 地域資料を守る　開館して数年を経過した地域博物館の収蔵庫には，住民から寄贈された農・漁具や生活用品などの民具を中心とする民俗資料が，所狭しとばかりにあふれていることが通例である。いわば地域の蔵といった様相を呈している。どこにでもあるようでいて，ともすれば散逸してしまいがちな民俗資料にも，手厚い保護をほどこせる施設は，地域を対象とする博物館を

---

1) 柘植信行「品川区立品川歴史館」中村たかを編『博物館学概論』源流社　1992　p.177-184.
2) 柘植信行「学童疎開誌編纂の動き」『地域史研究の現状と課題』岩波講座日本通史　別巻2　岩波書店　1994　p.247-263.
3) 吉田優「近世文書を題材として地方博物館で"何ができる"」『月刊歴史手帖』名著出版　Vol.20　No.3　1992　p.25-29.

おいてない。

　民俗資料は，文書と違い大きさも各様で，しかも多量にあるので収蔵場所をとり，整理にも手間と時間を要する，また活用の機会も限定されているなど，民俗資料に精通した学芸員がいないところでは敬遠される向きもあろう。

　しかし地域博物館にとって，地域に住んだ人々の生活史や地場産業の歴史などを知る上では貴重な資料であり，有効な活用に向けた整理が必要である。

　民俗資料は，収集の段階での聞き書き，関連資料の調査を経て，受け入れ後の清掃，燻蒸，修理，資料台帳づくりなどの整理作業により博物館資料として収蔵されることになり，博物館の裏舞台では，このような地味な作業が続けられるのである。

　民俗資料整理の事例として，東京都大田区での海苔用具の整理作業について紹介する。大田区には，江戸時代から続く海苔生産の道具類が，地元で海苔養殖業を営なみ漁業権の放棄後も資料を守ってきた漁民の集まりである「大森海苔漁業資材保存会」から寄贈された。大田区立郷土博物館では，整理と保存修理などのきめ細かい作業を5年ほどかけて実施した。その結果，1993年に保管資料の内879点が「大森及び周辺地域の海苔生産用具」として国の重要有形民俗文化財に指定されることになった。博物館での地道な整理作業が，民俗資料に新たな価値を付け加えることになった事例といえよう。[1]

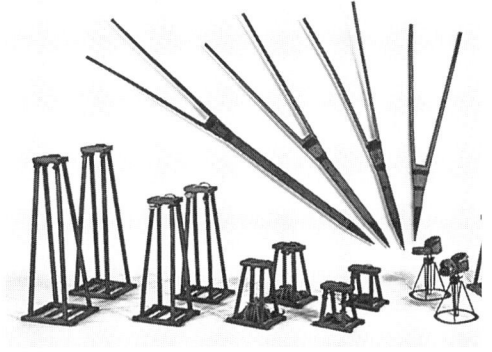

6-5図　地域資料の整理・海苔生産用具
（大田区立郷土博物館提供）

---

1)　大田区立郷土博物館『重要有形民俗文化財　大森及び周辺地域の海苔生産用具』1995.

整理された民俗資料の活用法としては，今では見ることのできない農業や漁業などを，「少し昔の道具」展の開催によって親や祖父母の時代を追体験させる資料として活用するなど，特に子どもの体験学習への活用の事例も多い。

さて，地域資料を守り次代に伝えていくことが，地域博物館の大きな役割の一つであることはすでに述べた。例えば，神奈川県の横浜開港資料館を取りあげてみる。同館は，開設当初から資料収集と公開普及の事業をつなぐものとして調査研究に力を入れてきた。調査研究は，館内と館外研究者とのネットワークをベースとして進められた。その成果をもとに横浜開港に関わる資料の徹底した収集を行ってきた。収集範囲は，当然，海外資料にも及んでいる。その活動を支えたのは，資料が市民の共有財産であり，市民への公開と研究成果の還元が館員の義務であるという意識であったという。[1] 地域博物館は，決して促成できるものではなく，市民に支えられた調査研究など日常の地道な学芸活動の蓄積によってはじめて機能するものということができる。

また資料という点では，地域博物館の現代資料への新たな試みもある。先に紹介した相模原市立博物館では，現代資料としての生活・産業資料を正当な資料として位置づけ，都市化や地域変貌を示す貴重な資料として見直して収集・保存していこうという動きがある。どこの地域博物館でも，収蔵庫に膨大な生活用品が所蔵されていることはすでに述べたが，特に高度経済成長期の下での工業製品や大量生産品は，民俗資料の枠に納まらず収集の対象にされにくい資料であった。都市部に位置する博物館では，都市化の生活課題に対応するために，現代資料の収集・展示・調査にも目を注ぐ必要があろう。[2],[3]

さて1995年に起こった阪神・淡路大震災は，地域博物館にも資料の被害など大きな影響を及ぼした。次代に伝える貴重な資料を保存する博物館は，震災体験からも学ぶことが多い。資料を震災から守るための対策は，今さらのように

---

1) 横浜開港資料館「横浜開港資料館における資料館活動」『歴史評論』歴史科学協議会 No.483 1990 p.48-56.
2) 浜田弘明「博物館における『現代』の地理的表現―展示『地域の変貌』から―」『相模原市立博物館研究報告』相模原市立博物館 No.5 1996 p.13-33.
3) 浜田弘明「博物館と『現代資料』」地方史研究協議会『地方史・研究と方法の最前線』雄山閣出版 1997 p.239-258.

博物館の重要な課題となった。博物館は，館に所蔵する資料だけについてその対策を講じればよいわけではない。博物館が，地域に所在する資料にも配慮しなくてはいけないのは，所蔵資料が地域資料と深く関わって存在するものであり，その情報なくして資料を理解できないだけでなく，収蔵している資料は，地域資料のほんの一部にすぎないからである。阪神・淡路大震災後の被災資料救出活動の経験は，地域資料がいつでも散逸の危機から自由でないことを教えている。[1] 博物館は，いつでも地域に目を向け，地域の人々に資料の大切さやを伝えるとともに，保存を支援する活動を続けていく必要がある。

3. 博物館と地域形成

（１） 地域・文化財・生活環境と博物館

埋蔵文化財と歴史的建造物　　また地域博物館の活動は，大きな意味では文化財保護という視点に立った活動でもある。文化財には，多様なものが認められるが，そのすべてがすでに文化財として指定され保護の措置が講じられているものばかりではない。

特に埋蔵文化財については，ごく稀なケースとして，きわめて重要な遺跡であったり，観光的な観点などから注目された遺跡などが保存されることはあるが，ほとんどが建物等の建設により緊急発掘調査が実施され，記録保存の処置として発掘調査報告書の作成と引き替えに消滅を余儀なくされる。地域博物館には，そういった緊急発掘調査によって出土した遺物や調査資料が資料として収蔵される場合も多い。博物館では，適時，機会をとらえて，地域での発掘調査の情報を速報展などで紹介することによって，市民に生活の場で新たに発見された歴史や埋蔵文化財の大切さを知らせることが必要となる。発掘による出土遺物の展示は，文化財保護への理解を地域から訴える機会となる。発掘調査

---

1) 寺田匡宏「被災地の歴史意識と震災体験」『歴史科学』大阪歴史科学協議会　No.146　1996　p.12-23.

は，地元の教育委員会の文化財担当が所管する事業である場合が多いが，博物館が連携して遺跡見学会を開催するなど，積極的な取り組みも必要となろう。

また地域博物館には，東京都の葛飾区郷土と天文の博物館のように，「市民の考古学」を目指して博物館考古学ボランティアである「葛飾考古学クラブ」を養成して，市民とともに考古学の学術調査を実施している事例もある。土地所有者の理解を得て，1990年から始まった鬼塚遺跡や柴又八幡神社古墳の調査では，古墳時代を中心とする貴重な発見があり，調査の成果は，報告書の作成

6-6図　地域博物館の考古学
　　　　ボランティア
（葛飾区郷土と天文の博物館提供）

や博物館の企画展示「遺跡展」での発表に生かされた。現在，博物館の中には，保存・整備された史跡や遺跡が敷地内や隣接地にあるなどの条件に恵まれたものもあり，そこでは野外の遺跡と館内の資料の両面からの活動が可能である。

さて，地域博物館が自然や環境の保護に取り組む試みは，すでに三重県鳥羽市の海の博物館等での実践が知られている。地域環境から地球規模に至るまで，今や環境問題は大きな課題である。どの地域にある博物館であっても，学芸員は身近な自然環境の問題に対しての視点を忘れてはならないであろう。[1]

ここでは近年，新たに光を当てられるようになった歴史的建造物の保存に向けた活動について挙げておく。1996年に文化財登録制度が文化庁から示されたが，これは開発によって急テンポに失なわれていく建造物を，文化財として保存していくことを意図するものであった。こういった動きを受け，東京都文京

---

1)　守屋博文「環境問題と博物館」『研究報告』相模原市教育委員会　No.2　1993　p.23-33.

区の文京ふるさと歴史館では，1998年に町のフィールドワークと併せた特別展「文京・まち再発見」を開催した。博物館では，1995年から市民，専門家とともに歴史的建造物の悉皆調査を進めていたが，その成果が特別展に生かされることになった。この展示は，めまぐるしく変貌していく身近な町にある近代建築を，地域の文化財として今後どう残し活用していくかを問いかけるものとなった。しかし建築物本体が館内で展示できないことから，地域に所在する建築物に関わる情報を展示することには限界があった。それは同時に「まち再発見マップ」を作成し，「まち探訪」のフィールドワークを組み入れることで解決が図られることになった。この特別展は，足元から町を見直し，地域景観や歴史的建造物の保存の気運を地域から高めるとともに，館内から地域への展開をめざす博物館活動の新たな試みとなった。[1]また，歴史的建造物を活用した博物館の開設の事例も見られる。

(2) 地域振興と博物館

1) 町をつくる博物館　　千葉県の野田市郷土博物館では，町づくりを進める上での重要な課題を，まず住民が地域に誇りや愛着をもつことが大切であるとして，その観点から特別展を実施している。特に戦後の高度経済成長によって変貌する以前の町の歴史的景観をふりかえることの有効性を考え，市民から古写真を募集し地域の自然景観や町並み，人々の暮らしぶりなどを紹介する「写真が語る野田の歴史と文化」展を開催した。図録には市民に「私の思い出の場所」についての原稿の提供を呼びかけるなど，市民参加による特別展を開催した。この特別展は，旧来からの住民の郷土意識を呼び覚ますとともに，新らしく移り住んだ市民にも身近な地域への愛着を生み出す契機をつくることになった。さらに特別展の関連事業として企画した「野田の新しいまちづくりフォーラム」は，市民との共同作業によって進められた。人間と自然の共生できるまちづくりをテーマとして，市民・企業・行政が一体となって話し合い，これまでのまちづくりを反省し今後の展望を開くことをめざす契機をなすものとなっ

---

1)　文京ふるさと歴史館『文京・まち再発見—近代建築からのアプローチ—』1998

まちづくりに視座をおいた博物館の活動は，住民の主体的な自己形成の獲得につながっていく。[1],[2]

また，東京都の城南地域にある大田区立郷土博物館では，近年の経済停滞のなかでともすれば衰退しがちな地域の工場に焦点をあて，綿密な地域調査の実施により特別展を開催している。京浜工業地帯の一角に位置する大田区には，8,000もの機械・金属加工関係を中心とする工場があり，それらの工場は，「テクノのまち」ともされる大田区の活力源であった。特別展「工場(こうば)まちの探検ガイド」は，この地域で厳しい生産活動に従事している工場関係者の協力によって実施された。特別展は，地域住民に工場の町でもある大田区の再発見を促しただけでなく，長引く不況の下に呻吟(しんぎん)する町工場を，博物館が側面から支援する試みともいえる活動となった。[3] これに続いて，豊島区立郷土資料館でも町工場に光を当てた特別展「町工場の履歴書」を開催している。これは歴史的な視点から，戦前・戦中の地域の都市化と町工場の変遷を検証する展示として，現在なお2,000余ある工場に働く人々への呼びかけとなった。[4]

また1997年に杉並区立郷土博物館で開催された企画展「江戸のごみ・東京のごみ」は，地域の現代的課題へ取り組んだ展示であり，廃棄物処理の歴史的変遷をたどりつつ，今，解決を迫られている課題についての情報を正確に住民に伝えることを意図したものであった。[5]

2) **小さな博物館運動**　また施設としても事業展開としても，ささやかではあるが，地道に地域に密着した活動を積み重ねることによって，地域の産業や文化を暖かく守り伝えていこうとする試みもある。その一つに東京の下町・墨田区での小さな博物館運動を挙げることができる。この運動は，住民の手によって，地域に根ざした博物館を展開しようとするものであり，地域振興の指

---

1) 金山喜昭「野田市郷土博物館における特別展『写真が語る野田の歴史と文化』と『野田の新しいまちづくりフォーラム』の開催」『博物館学雑誌』Vol.24　No.1　1998　p.55-74.
2) 金山喜昭『博物館学入門-地域博物館学の提唱』慶友社　2003　p.171-75.
3) 大田区立郷土博物館『工場まちの探検ガイド』1994.
4) 豊島区立郷土資料館『町工場の履歴書』1994.
5) 杉並区立郷土博物館『江戸のごみ・東京のごみ―杉並から見た廃棄物処理の社会史―』1997.

針としての3M運動，つまり小さな博物館運動，マイスター運動，モデルショップ運動の一環として進められたものである。これは墨田区の産業経済課が商工振興推進の立場から窓口となって進めたものであるが，住民の自主的な活動として繰り広げられた。1986年の運動開始以来，商店や工場の一角が博物館の施設として公開され，住民の手によって地域博物館が運営されているが，1995年には，博物館・資料館数は24を数えた。[1] こういった試みは，東京都新宿区の「ミニ博物館」や大阪市の「平野町ぐるみ博物館」などでも進められている。

また，新しく紹介された欧米のエコミュージアム（Ecomuseum）に着目し，地域の町や村全体を博物館として展開していこうという動きも見られるようになった。1960年代にフランスで始められたエコミュージアムは，日本では「生活・環境博物館」（新井重三）とも命名されているが，これを意識した町づくりの試みも，山形県朝日町，広島県東野町などをはじめとするいくつかの地域で行われている。

現在このような地域の町ぐるみ博物館やまちかど博物館は，徳島県徳島市の「阿波こふく街角博物館」，滋賀県五個花町の「まるごと博物館」など各地に展開され，地域づくりの試みとして期待されている。[2]

このように地域に残る多様な資料を活用し，地域に根ざした活動を展開する動きは，博物館をとおした地域学の形式にもつながっている。以上，地域施設としての博物館について，多くの事例を紹介してきたが，地域博物館の運営や事業は，今後ますます市民とともに知恵を出し合い，試行錯誤を繰り返しつつ，多様な試みを創出していくことが必要となろう。

特に地域にあることの特色を生かした事業展開に力を入れ，それぞれの地域から博物館の存在を主張していくことが求められているのである。

1) 墨田区商工部産業経済課『新しいすみだ3Mキャンペーンの歩み』墨田区　1992.
2) 高橋信裕「地域博物館における地域学の課題と展望」『文環研レポート』17号．

第7章
博物館の利用

1. 来館者と利用者

　博物館は，そこに博物館としての空間（土地，建物等。仮想空間も含む）があり，博物館資料があり，それらを収集・保管・教育普及・調査研究する学芸員や事務方の職員，警備員，レストランやミュージアムショップの販売員等，そこで働く職員がいて，さらにそれらを「利用する人々」がいてはじめて成り立つ存在である。

　それゆえ，多くの博物館学の教科書には博物館利用者に関する項が設けられている。しかし，そこで示されている利用者はたいていの場合個人や集団で来館し，展示見学を行う人々のことであって，近年の博物館をめぐる急速な変化の中で多様な利用形態を見せている現実の利用者の姿を捉えたものとなっているとは言い難い。

　「博物館を利用する」とは，個人あるいは集団で来館して展示を見たり参加体験したり，あるいはレストランやミュージアムショップを利用する，そういう利用形態だけにとどまらない。このような「来館者」は「利用者」と括られる存在の中の一つのカテゴリーでしかない。来館者が利用者のすべてではない。

　本章では，近年の利用者範疇の拡大および利用形態の多様化を受け，以下二つの点に注意しつつ本文を進めていきたいと思う。

　①　利用者範疇の拡大……利用者として想定される範疇をより広く捉えること。これは単に「多様な属性を持つ人々に来館して欲しい」という時に言われるような来館者属性の拡大を意味しているのではない。ここでは個人や学校集団などの来館者だけではなく，企業やNPO，学術団体などの組織・団体をも

利用者として考える。

②　利用形態の多様化……受け身のサービス享受者としての利用形態だけでなく，ボランティアとして労働力を提供したり，私蔵コレクションを貸し出したり，あるいは共同研究者として知的資源を提供したりといった，能動的なサービス提供者としての利用形態をも考える。

2. 博物館利用者の分類

　博物館利用者が個人や集団による来館利用だけにとどまらないことは先に述べたとおりである。そこで，まずは博物館利用者を，①個人利用者，②集団利用者，③組織・団体利用者に分類して，それぞれについて簡単に述べてみよう。

①　個人利用者……基本的に個人が，自由時間を費やす活動として複数ある選択肢の中から博物館利用を選択する場合を想定している。利用する／しないの判断は個人に任される。なお，比較的少人数のグループによる利用（家族，友人同士など）もこの分類に含めて考える。

②　集団利用者……学校や地縁集団（町内会など），サークルなど。集団としての博物館利用であるが，当該集団の目的を達成する一環としての利用というよりは，むしろ集団の成員一人ひとりの利用に焦点を当てた場合の分類である。利用する／しないの最終的な判断は当該集団の長に任される。

③　組織・団体利用者……企業，特定非営利活動法人（NPO法人），学術団体など。当該組織・団体がその組織・団体活動の目的達成のために利用することを想定している。なお，②集団利用者と違い，集団の成員一人ひとりが何をするかということは，ここでは問題とならない。利用する／しないの最終的な判断は当該組織・団体の長に任される。

　（補足）
　　また，地域の商店街等が共存共栄を図るために博物館の存在それ自体を観光資源として利用（活用）することもある。博物館の広報活動に力を貸しつつ，博物館のパンフレットや半券を持参すれば商品・サービスの割引を行うという見返りを付けることで，来館者の取り込みを図るという例に見られる。博物館と地域とのギブ・

アンド・テイクの関係であるが，本章ではこの点についての説明は割愛する。

3. 博物館利用形態の分類

次に，博物館の利用形態について考えるため，7-1図を見ていただきたい。

7-1図は，博物館利用を縦軸に「来館利用 ⇔ 非来館利用」を，横軸に「サービスの享受者としての利用 ⇔ サービスの提供者としての利用」（あるいは「ゲストとして利用 ⇔ ホストとして利用」[1]）を取り，それぞれに対応する利用形態を記したものである。縦軸は言い換えれば「物理的存在としての博物館空間に来ることを前提とする利用 ⇔ 物理的存在としての博物館空間に来ることを必ずしも前提としない利用（＝物理的空間の外部，あるいは仮想空間における利用）」である。また，横軸において「サービスの提供者としての利用（ホストとして利用）」とは，博物館で働く者ではないにもかかわらず，博物館を利用することが館の中心的活動である収集・保管・教育普及・調査研究の面で博物館に直接貢献することになるような利用形態のことを言い，「サービスの享受者としての利用（ゲストとして利用）」は必ずしも直接的な貢献にはならない利用形態のことを言う。（もちろん，「サービスの享受者としての利用」であっても，博物館を利用するという行為自体が博物館を支援していることになり，その点から言えば間接的に貢献していることは言うまでもない。）

それでは，左上の象限から順に時計回りで見ていこう。

(1) 来館者（入館者）としての利用

左上の「来館利用」かつ「サービスの享受者としての利用」の象限には，まず通常の来館者（入館者）が含まれる。個人で来館する場合もあるし，集団で来館する場合もある。来館者は展示を見たり，講座・イベントに参加したり，レストランやミュージアムショップを利用する。頻繁に来館する人の中には，

---

1) 利用者（市民）は「ホスト」か「ゲスト」かと述べている論考として，田原直樹ほか「「博物館の望ましい姿—市民と共に創る新時代博物館—」の今後の活用」『博物館研究』Vol.38 No.5 (No.420) 2003 p.20-22を参照した。

```
                     来館利用
                        │
                        │
                 ③ボランティア
                        │
   ①来館者（入館者）     │
                        │    ④出品者
                        │
       ②実習生・研修生   │
                        │   ⑤共同
サービス───────────────────┼──活動者──サービス
享受者                   │         提供者
                        │
   ⑦アウトリーチ         │
     資料貸出            │
     の利用者            │
                        │
                 ⑥電子博物館など
                    の利用者
                        │
                        │
                     非来館利用
```

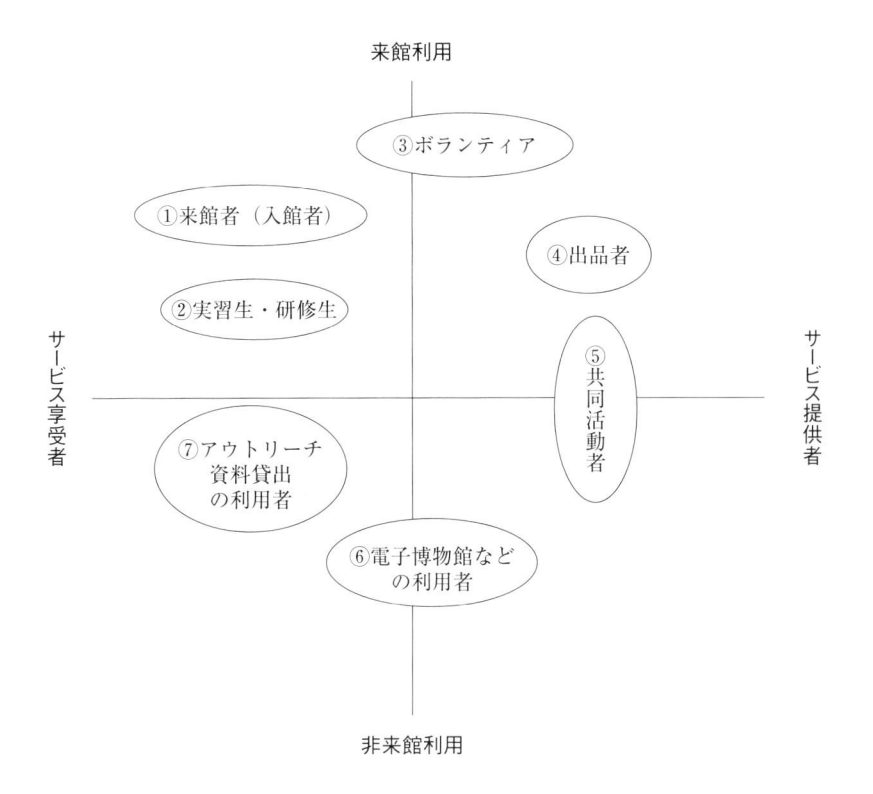

7-1図　博物館利用形態の分類

友の会に入会してより深いサービスを得ることを求める者もいるだろう。

「平成14年度文部科学省社会教育調査中間報告」によると，博物館入館者数（類似施設を含む）は平成7年度間の約2億8600万人をピークに，平成10年度間2億8065万人強，そして平成13年度間の2億6900万人強と減少傾向にある。また，（データがやや古いが）財団法人日本博物館協会編『日本の博物館の現状と課題』（博物館白書平成11年版）によると，回答館園数が違うものの，平均利用者数は平成4年度の10万2678人から平成8年度の8万4543人へと減っており，ここからも減少傾向を見ることができる。このことは博物館界では危機感を持って受け止められており，同白書は「とくに，博物館園における最近の

入館者の利用状況」という一章を設けて詳細な検討を加えている。[1]

　このような数値は博物館で働く人々にとって確かに死活問題であるが，来館者が博物館でどのような体験をしたのかについては何も語らない。国立博物館の独立行政法人化や博物館経営母体の財政難の中，経営上の要請として来館者の数を増やすことは大きな課題となっているが，このような量的関心，すなわち来館者を「○○展○○人」「○○年度入館者総数○○人」といった匿名の数としてとらえているだけでは見えてこない来館者の特性やニーズを把握すること，来館者へ質的関心を寄せることも，博物館には欠かせない。

　来館者行動については，おもにアメリカ合衆国の博物館で1920年代から研究が始まり，より観賞しやすい展示レイアウトや快適な展示空間（博物館疲労のための休息場所の設置など）を作り上げるため，研究成果が活用されてきた。

　来館者が博物館で実際にどのように振る舞っているか，そこで何をしているのか理解するためには，ジョン・H・フォークとリン・D・ディアーキングの『博物館体験：学芸員のための視点』が参考になる。[2]

　来館者行動の中で大きな部分を占めているのが展示見学である。フォークとディアーキングは，来館者の展示見学行動を「方向定位」「展示注視」「展示巡航」「退出準備」に分けて，どの程度の時間をどのように費やすかについて述べている。ここでフォークとディアーキングが同書中で述べている博物館に初めて来た人やあまり来ることがない人の一般的な行動パターンについて，簡単に紹介しよう。

　①　方向定位……来館者の多くは最初に戸惑いを見せる。最初の数分間，館内に何があるか，またどの方向に行ったらよいのかを探すのに時間を費やす。立ち止まって周囲を見回し，案内図を求める。同伴の家族や友人と話し合い，警備員や案内係から情報を得ようとする。他の来館者に尋ねるということはあまりないが，彼らの動きをモデルとして自ら取るべき行動を判断する。

　②　展示注視……焦点の定まらなかった最初の数分間が過ぎると，来館者は

---

1)　日本博物館協会編『日本の博物館の現状と課題（博物館白書平成11年版）』1999　p.121-139.
2)　ジョン・H・フォーク，リン・D・ディアーキング（高橋順一訳）『博物館体験：学芸員のための視点』雄山閣出版　1996.

展示に全神経を集中させる。この展示注視の段階はすべての来館者にかなり共通したもので，しばらく継続する。ラベルを意識的に読み，展示物を細かく観察し，自分の得た情報に関して同伴者と話し合う。

来館者は，最初のうちは特に何を見ようと選択することはしない。個人的な関心や展示の面白さではなく，単純に展示の始めと思われる所から順を追って見学する。

③　展示巡航……しばらくすると一つひとつを注視していては全部を見られないということに気づく。初めての来館者は館内をひととおり見たいと思っていることが多いので，丁寧に見ることを放棄する。

巡航段階では，展示に対する集中力は大きく低下し，展示を飛ばし飛ばし見るようになる。たまに目をひく展示物やラベルがあった時，あるいは関心や好奇心に訴えるものがあった時のみ丁寧に見る。多くの来館者がこの段階において，展示注視の段階のようにすべてを丁寧に見るよりも，目をひく展示物を求めつつ素早く展示空間を移動する。

個人差も大きいが，1時間ほど経つと，身体的にも心理的にも疲労感を覚える。この段階に至ると，展示のことよりも空腹感であるとか，トイレに行きたいとか，あるいはミュージアムショップについて考えるようになる。

④　退出準備……疲労，空腹感，あるいは見るべきものをすべて見終えたため，来館者は退館を考えはじめる。退出準備段階では，退館後のことなどをめぐって同伴者同士の会話が増える。

(なお，博物館によく来る人の一般的な傾向は②展示注視→④退出準備，また，集団で来館する人は職員やボランティアによる解説付きの展示注視→自由な巡航，と，行動パターンはやや異なる。)

また，フォークとディアーキングは来館者の"博物館体験"を理解するために「ふれあい体験モデル (interactive experience model)」を提唱している。「ふれあい体験モデル」では，来館者の"博物館体験"は三つのコンテクストから成り立つと考える。第一に来館の動機となった個人的な関心，すなわち「個人的コンテクスト」，第二に同伴者との会話，あるいは博物館で働く職員やボランティアとの関わり合いである「社会的コンテクスト」，そして第三に建物

のつくりや雰囲気である「物理的コンテクスト」である。博物館体験をトータルにとらえるためには，これら三つのコンテクストそれぞれの視点から検討することが求められよう。

さて，このような来館者行動に関する研究の延長線上に，来館者は果たして展示制作者の思惑通りにそのメッセージを受け取っているのかどうか，という問題がある。博物館資料と来館者との間のコミュニケーション問題である。

この点について，ある元博物館職員は，自ら企画した展示を前にした来館者が展示制作者たる自分の意図とは異なる反応を示すという事実に直面して愕然としたことを正直に告白している。しかし，このような博物館と来館者とのコミュニケーションのずれについて「博物館における物を介したコミュニケーションの失敗，つまりディスコミュニケーションを意味していない。来館者は……各人の生活に埋めこまれた多種多様な資源を動員しながら物を意味化している。」と述べ，来館者が実践する解釈の個人的な過程を肯定的に受け止めている。さらに，このようなコミュニケーションのありようをインターラクティブ・ミスコミュニケーションと名づけ，そもそも博物館とは必ずしも同一の価値観をもっているとは限らない複数のアクターがインターラクティブ・ミスコミュニケーションを演じる場であると述べている。[1] （さらに進んで，受け手の反応自体を展示に組み入れてしまうという展示手法もある。これについては，(4) で改めて述べる。)

なお，平成15(2003)年6月，博物館法8条に基づく「公立博物館の設置及び運営に関する基準」（昭和48年文部省告示第164号）が四半世紀ぶりに全部改正され，新たに「公立博物館の設置及び運営上の望ましい基準」（平成15年文部科学省告示第113号）が告示された。同基準中，第7条第2項で「博物館は，その実施する事業への青少年，高齢者，障害者，乳幼児の保護者，外国人等の参加を促進するよう努めるものとする。」，また第11条第2項では「博物館は，青少年，高齢者，障害者，乳幼児の保護者，外国人等の利用の促進を図るため必

---

1) 橋本裕之「物質文化の劇場：博物館におけるインターラクティブ・ミスコミュニケーション」『民族学研究』Vol.62 No.4 1998 p.553.

要な施設及び設備を備えるよう努めるものとする。」と規定している。来館者が属性によって排除されることがないようにとの配慮であるが、このことは公立博物館だけの問題ではない。国際的には、1976年11月26日のユネスコ総会で「大衆の文化生活への参加及び寄与を促進する勧告」が採択されている。同勧告は、人種や皮膚の色、性、言語、宗教、政治的信条、出自、経済状態等によって差別されることなく、あらゆる人々に文化へのアクセスを高めようとの目的で出されたものである。乳幼児連れの来館者への対応、漢字が十分に読めない年齢の子どもへの対応、身障者や高齢者への対応、海外からの来館者や在日外国人への対応をハード・ソフトの両面でどう充実させるか、これらのアクセシビリティ（accessibility）については、個別館ごとに地域性などを考慮しつつ検討が求められることは言うまでもない。[1]

(2) 実習・研修の機会として利用

「来館利用」かつ「サービスの享受者としての利用」の象限に含まれる利用形態として、一定期間にわたり継続して来館することもある実習・研修を、通常の来館者とは別に挙げておこう。博物館実習としてはもちろん、現職教員等の研修、あるいは技術や政策を学ぶため海外から日本にやってきている短期・長期留学生の研修として博物館が利用される例もある。

(3) ボランティアとして利用

もし博物館が「利用者＝来館者」と考えるならば、あるいは後述するアウトリーチ活動への参加者やインターネットを通しての電子博物館利用者のことだけを考えるならば、利用者はあくまでも博物館側がサービスを与えるべき受け身の対象としてとらえられることになる。しかし、職員と協働して博物館活動を共に作り上げる「パートナーとしての利用者」も、既に数多くの博物館で普通に見られる存在である。実際、多様化複雑化するニーズに博物館職員だけで

---

1) 前掲、『日本の博物館の現状と課題』によると、回答のあった博物館の3分の2弱が「高齢者等に対する対応が不十分」を問題点として挙げている。同書、p.108。

応えることは難しく,「サービスの提供者としての利用」に対しては,近年ますます注目が向けられている。先に挙げた「公立博物館の設置及び運営上の望ましい基準」でも,第7条第3項に「博物館は,その実施する事業において,利用者等の学習の成果並びに知識及び技能を生かすことができるよう努めるものとする。」(傍点は筆者による)とあり,利用者のさまざまな能力を生かす場としての博物館像が示されている。「公立博物館の設置及び運営上の望ましい基準」に先立って,日本博物館協会が平成15(2003)年3月に提出した報告書『博物館の望ましい姿－市民とともに創る新時代博物館』においても,その骨子である「9つの取り組み」の中に「市民参画」という項目があり,市民＝利用者との協力関係が今後の博物館活動において重要であることが認められている。

　では,具体的に利用者とどのような協働がなされているのか,また,利用者の能力はどのように生かされているのだろうか。まずはこの「来館利用」,かつ「サービスの享受者としての利用」から「サービスの提供者としての利用」にわたる象限に含まれるボランティアについて見ていくことにしよう。

　前出の「平成14年度文部科学省社会教育調査中間報告」によると,類似施設を含め博物館へのボランティア登録者数は平成8年度の39,876人から平成14年度には62,637人と着実な伸びを見せている。入館者数自体は減少していることを考えると,注目すべき傾向と言えよう。

　博物館におけるボランティア活動は,いくつかの事例を除き,1970年代後半から美術館において先導的にはじめられた。ボランティア制度をもっている博物館は図書館等の他の社会教育施設に比べると少ないが,それでも現在ではさまざまな館種の博物館がボランティア制度をもつようになりつつある。活動内容も,展示資料の解説や学習活動の指導,助言,援助などの「学芸業務の補助」から,展示の監視,身障者の介添えなどの「来館者接遇の補助」,イベントの運営,友の会業務,広報活動などの「博物館付帯活動」,また,比較的少ないが,館内外の清掃,美化などの「環境整備」や書類整理事務などの「事務補助」まで,多岐にわたっている。ボランティアは博物館活動のさまざまな場面でその能力を発揮していることがわかる。[1]

　社会教育施設ボランティア研究会の調査[2]によると,博物館がボランティア

を受け入れている理由として「ボランティア活動を生涯学習の場として提供する」「多くの人に親しまれる施設になる」「施設の活性化につながる」「施設と地域の結びつきが強まる」が上位に挙げられている。そして，ボランティア受け入れの利点として回答が多かったのは，「施設が地域住民にとってより身近なものになる」「利用者・地域住民の声を聞くことができる」「業務の補完として助かる」である。博物館のボランティアに寄せる期待として，ボランティア自身の学習機会とすることによる利用促進と，他の利用者へのきめ細やかなサービスをボランティアが行うことによる館のサービス向上があることがうかがえる。

その一方，受け入れに際しては，ボランティア養成研修や窓口となる職員の配置など，世話役としての博物館の負担は小さくない。また，ボランティア活動の奉仕的性格よりも，活動がもつ学習効果が強調される傾向にあり，「与えられる（サービスの享受者としての）ボランティア」に終始してしまっている例がないとも言えない。

なお，同調査によると，ボランティアを受け入れていない理由として「ボランティアの受け入れまで手が回らない」が最多である。また，ボランティア受け入れの欠点に関しては，「欠点を感じていない」が最多であったものの，「仕事が増えて，かえって面倒・負担になる」「職員ではないだけに，施設全体の指揮・命令系統が混乱する」「施設としての責任の所在が曖昧になったり，責任放棄になる」という声も少なからず見られる。

本来，ボランティアは自発性に基づく活動である。博物館におけるボランティア活動がより一般化し，経験を重ねる中で活動が成熟していけば，博物館の活動全体の中でのボランティアの位置づけ，すなわち，「サービスの享受者（ゲスト）」と「サービスの提供者（ホスト）」の両面をもつボランティアの果たす役割は明確になっていくであろう。[1]

前頁1)　日本博物館協会編　前掲書　p.104-106.
前頁2)　社会教育施設ボランティア研究会『社会教育施設におけるボランティア活動の現状〜調査報告1998〜』1998　p.94-113.
1)　その他，久保内加菜「博物館におけるボランティア活動の意味：公立美術館における学習活動に関する考察」『日本社会教育学会紀要』No.31　1995　p.53-62も参考になる。

（4）　出品者としての利用

　ボランティアが，博物館をヒトや組織・団体が自らもつ能力を向上させつつ発揮する場として利用することであるならば，博物館の外部に眠るモノ（展示するに値する資料）に活躍の場を与えるという利用形態もある。博物館はヒトや組織・団体が活躍するだけでなく，モノが活躍する場でもある。

　これは，個人や集団，組織・団体が博物館の空間を自らの作品やコレクションを展示する場として利用することを指す。画家や彫刻家が地域の美術館を自作を広く見てもらう場として利用する，あるいは学校や地域サークル等の集団が彼らの活動によって生み出された成果を展示するような例である。当該個人または集団は，博物館の空間を利用しつつ，来館者に対して見るモノを提供していることになる。

　出品は本人の作品だけに限らない。例えば，2003年から2004年にかけて周南市美術博物館（山口県），三鷹市美術ギャラリー（東京都），福井県立美術館で開催された巡回展「あるサラリーマン・コレクションの軌跡～戦後日本美術の場所」は，一人の元サラリーマンが40年近くかけて集めた約一千点の収集品の中から，巡回展のホストとなった博物館の学芸員が130点余りを選んで開催したものである（朝日新聞，2003.9.3など）。資料の収集・保管は博物館の果たすべき中心的機能ではあるが，それは博物館ばかりが担っているわけではない。館外コレクターの優れた資料を展示することは，コレクターにとっては長年かけて集めたコレクションを死蔵させることなく広く一般の方々に見てもらう機会であり，また博物館側にとっては自館にない資料を来館者に供する機会となり，双方に利点がある。

　出品は個人や集団に限らない。組織・団体が出品する場合もある。特定非営利活動法人水俣フォーラムは水俣病に関する全国巡回展の実施を活動の柱の一つとしているNPOであるが，展示パネル等のコレクションを持っているものの，それらを展示するための空間を所有していない。そこで東京都写真美術館や茨城県つくば美術館等の博物館空間を利用して展示活動を行っている。[1]
NPOだけでなく，学会や大学が自らの研究成果を広く紹介する場として利用

することもある。[1]

　また,「出品」と書いてしまうと大げさと感じるかもしれないが,来館者が当該博物館に来館した際に残した記録(反応)を展示するという例もある。資料の出品ではなく,展示を見て感じた自らの「意見・感想の出品」である。展示室の最後にはしばしばアンケート用紙が置かれているが,来館者による記入済みアンケートが展示されていることがある。あるいは,遺伝子組換食品などの論争的テーマに関して,コンピューター画面のタッチパネルで賛否の投票を行うことができるようなシステムを作り,その累積結果が展示として来館者に示されることもある。来館者が館を利用する過程で残した記録がその後の博物館活動に直接組み込まれると,単なるサービス享受者から提供者に転じることになる。

　他の人は何を感じたか,案外気になるものである。自分とは全く違う視点で見ている人,思いも寄らない反応を示す人,同じ展示でも見方はいろいろあり,そこから学ぶことも多い。同伴者がいればその同伴者との会話で満足させられるが,一人で来館する場合もあれば,同伴者以外の他人が展示を見て何を知り,何を感じたのか,知りたい場合もあるだろう。前述のフォークとディアーキングが述べた「社会的コンテクスト」に関わる点として,ここで指摘しておきたい。

　なお,直接何かを出品するまでは至らなくとも,2001年に静岡県立美術館で開催された「ザ・ベスト展2001」のように,利用者の見たい収蔵品のリクエストを募集し,その結果に基づき展覧会を実施するという事例もある。[2]

(5)　共同活動者としての利用

　「来館利用」「非来館利用」の双方にまたがり,「サービスの提供者としての利用」象限に含まれる利用形態としては,共同活動が挙げられる。

前頁1)　水俣フォーラム編『水俣展総合パンフレット』1999.
1)　2002年11月9,10日に日本科学未来館で実施された「ゲノムひろば in 東京」では,大学・研究所でゲノム研究に従事している大学院生らが,一般の来館者の前に立って自らの研究についてプレゼンテーションを行った。
2)　『平成13年度静岡県立美術館年報』p.7-9.

共同活動と聞くと，専門家同士の共同研究のことを頭に浮かべるかもしれないが，必ずしも大学や研究機関に所属する職業専門家とともに行われる研究活動だけを指しているわけではない。アマチュアの市民研究者（個人，集団）との共同研究も含まれる。

　滋賀県立琵琶湖博物館が毎年3月に募集する任期一年のフィールドレポーターは，参加者がタンポポなどの身近な環境について調査（アンケート型調査と自由型調査）をし，それを定期的にあるいは随時博物館に報告する制度である。博物館の学芸員だけが調査研究を行うのではなく，地域住民も「地域学芸員」として参加してもらう。一種のボランティアであるが，博物館活動の「調査研究」に特化した活動として別立てにしておいた。（なお，フィールドレポーターによる成果の一部はホームページ上で公開されている。）このほかにも，滋賀オサムシ研究会との共同研究「滋賀県のオサムシの分布」に際しては，それが「博物館の学芸員とアマチュアの力の結集」の成果と総括され，琵琶湖地域環境教育研究会との共同研究「ビワコダス・湖国の風を探る　生活と科学の接点としての気象研究の試み」に際しては住民と科学者との協力による研究が実施されるなど，琵琶湖博物館では館の調査研究に地域住民等の参加は欠かせないものと考えられるようになっている。[1]

　同様の試みは他館でも見られる。名古屋市科学館が継続して実施している光害に関する調査も，地元の名古屋大学や中日新聞からの協力とともに，科学館のボランティア・天文指導者クラブも春夏秋冬に広域観測を行うという形で調査に一役買っている。[2]

　このように，共同活動する者は，博物館学芸員という専門知識をもつ人的資源あるいは博物館が有する資料やその他の機材等を利用する反面，自らのもつ専門知識等の資源・能力を博物館側に差し出すことによって，サービス提供者としての役割も担っていることになる。博物館サイドに立てば館外の人材等を

---

1) 『琵琶湖博物館年報』『琵琶湖博物館研究調査報告』（各号）を参考にした。
2) 毛利勝廣・鈴木雅夫・野田学・北原政子「光害の調査と実態」『名古屋市科学館紀要』第25号 1999　p.46-55等。『名古屋市科学館紀要』のバックナンバーには光害調査に関する一連の論文が掲載されている。

「利用する」ことになるが，館外の人材等からすれば，自らのもつ能力を博物館という場で活かすことで「博物館を利用する」ことになる。

（6） 電子博物館などの利用

「非来館利用」で，「サービスの享受者としての利用」「サービスの提供者としての利用」にわたる象限には，情報通信技術を使っての電子博物館などの利用を挙げることができる。

前出の「公立博物館の設置及び運営上の望ましい基準」は，第6条第2項に「事業の内容，資料等についてインターネットその他の高度情報通信ネットワークの活用等の方法により，情報の提供を行うこと。」という規定を設けている。また，日本博物館協会「博物館の望ましい姿」でも，多様な情報通信技術・メディアを活用して，積極的に博物館の情報を発信するとともに，人びとが求める情報を提供すると述べられている。

利用者への情報提供としては，館内に図書室あるいは情報端末を揃えた情報利用室などを設置する以外に，館外サービスとして電話やファックス，そして電子メールによる問い合わせへの対応が行われてきた。近年では，案内情報だけでなく，原資料である収蔵品のデータベースを整備し，それをインターネットで公開することも行われるようになっている。物理的空間を必要としない，ネットワーク上の仮想空間に存在する電子博物館（電脳博物館，デジタルミュージアム，ヴァーチャルミュージアム）の登場により，利用者が自宅など博物館外にいながら，来館することなく，インターネットを経由して博物館が提供するオンラインの展覧会を疑似体験したり，高度な専門性をもつデータベースにアクセスして学習や研究に活用するという利用形態も普及しつつある。

ただし，情報提供も博物館側から利用者への一方通行のものとは限らない。実際，博物館のウェブサイト上に設置された掲示板が，そこを訪れた人々からの情報提供，あるいは意見交換の場となっている例もある。

このように，インターネットを通しての利用は，時間に拘束されず，また地域を超えた交流の場として機能する可能性をもっている。

（7） 博物館外活動（アウトリーチ活動），資料貸出しなどの利用

「公立博物館の設置及び運営上の望ましい基準」第7条には，「博物館は，事業を実施するにあたっては，学校，社会教育施設，社会教育関係団体，関係行政機関等との緊密な連絡，協力等の方法により，学校，家庭及び地域社会との連携の推進に努めるものとする。」とある。特に，学校教育との連携は博物館にとって大きな課題となっており，「博学連携」「博学融合」という概念も唱えられている。従来から行われてきた遠足や修学旅行などの課外授業の一環として学校が児童生徒を引率して博物館を訪れることに加え，近年では学校週5日制の導入にともなって休日となった土曜日に児童生徒を受け入れる「受け皿」として，また，学習指導要領の改訂によって新しく設けられた総合的な学習の時間のための学習資源として，博物館が学校教育をサポートすることの必要性が強く言われるようになっている。

その一つの形態として博物館外活動（アウトリーチ活動）がある。学校の空き教室などを利用して博物館資料のまとまった展示を行う「移動博物館」，博物館職員が学校に出向いて実施する「出前授業」等である。また，博物館が保有する資料や教材の貸出しも実施されている。これらの活動への参加，そして資料等の貸出しも博物館利用形態の一つとしてよいだろう。（ただし，博物館と学校との連携は，博物館側の学校へのサービス提供だけにとどまらず，博物館職員と学校の教員とが共に教材開発に携わるような事例も見られる。このような例はむしろ(5)で述べた共同活動に含めて考える方がよいだろう。）

なお，2003年12月現在，日本博物館協会のホームページで，同協会が2002年11月に行った「博物館の学校における児童・生徒の学習支援」調査に対し，回答のあった全国1888館の博物館が行っている「学習支援のための活動」を検索することができる。

館外の活動場所および資料貸出先は何も学校に限らない。博物館の有する資料や機材，そして人材を館外で利用（活用）しうる場面はさまざまなところに潜んでいる。

(8)　「評価者」としての利用者

　3節の最後に，どこの象限にも分類していないが（よって7-1図には挙げていないが），すべての象限に関わることとして，「評価者」としての利用者という側面について述べておきたい。

　博物館活動を多面的に評価するためには，内部評価や第三者機関による評価とともに，利用者による評価も欠かせない。

　博物館評価全体の中で利用者が評価できることもあれば，できないこともある。博物館活動の中には利用者には見えにくい領域もあり，利用者からの評価だけが博物館評価のすべてとは言えない。とはいえ，利用者が博物館をサービス享受者の立場で利用するにせよ，サービス提供者の立場で利用するにせよ，「利用したら評価する」という態度は，そして博物館がその結果を知ることは，よりよい博物館を作り上げていくための大きな一歩となる。[1]

　博物館を作り上げるのは，館で働く人々だけではない。利用者からのフィードバックも博物館を育てるための重要な一要素である。

4．博物館利用形態の多様化

　3節で述べたことが，博物館法に規定された博物館の目的（収集・保管・教育普及・調査研究）に添う側面での利用であるとすれば，現在は必ずしもそれだけにとどまらない利用の広がりが見られる。博物館利用形態の多様化である。

　例えば，東京国立博物館では，ルイヴィトンモエヘネシーが顧客を招いて新作発表会を兼ねた立食パーティーを開催した。グッチのファッションショー，BMWの新車発表会も実施されている。2001年4月の独立行政法人化以降，事業費の一部を自前で稼ぐことになり，営利目的の民間利用が緩和されたためという（朝日新聞，2003.7.26）。江ノ島水族館が月2，3回の割合で実施している

---

[1]　佐々木秀彦・村井良子「お客様の顔を知ることから始まった展示評価と改善」琵琶湖博物館・滋賀県博物館ネットワーク協議会編『琵琶湖博物館研究報告：ワークショップ＆シンポジウム　博物館を評価する視点』17号　2000.3　p.89-99.

「ジェリーフィッシュ・パーティー」は，地元で活躍するミュージシャンたちがクラゲの水槽が並ぶフロアで行っているコンサートである。少子化で小学生以下の入館者が減少傾向にあり，大人に水族館の存在をアピールすることが狙いという（同，2003.7.1）。国立博物館の独立行政法人化や博物館経営母体の財政難で，集客力のある展示活動を行うことと同時に，その他の事業展開の拡大も求められるようになったためだが，博物館のもつ独特な雰囲気，個性ある空間が，多目的に利用されるようになっていることがわかる。

上記の例はごく一部の事例であるが，博物館が民間企業，NPO等といった組織・団体，あるいは個人，集団にさまざまな目的で利用されることは今後増えていくだろう。

さて，ここで問題となるのが，外部からの利用申し込みがあった場合の利用許可の判断である。特に同時に複数の申し込みがあった場合，どの個人や集団，組織・団体を優先するのか。利用の諾否をめぐり「Aという団体であればよくてBという団体は駄目という場合，必ずしもそこに明確な判断基準があるわけではない」と，かつてインタビューしたある公立博物館の学芸員は問題点を訴えていたことがある。

博物館法がその精神に基づくとされている社会教育法には，公民館の運営方針として第23条に「公民館は，次の行為を行つてはならない。1. もつぱら営利を目的として事業を行い，特定の営利事業に公民館の名称を利用させその他営利事業を援助すること。2. 特定の政党の利害に関する事業を行い，又は公私の選挙に関し，特定の候補者を支持すること。」，また，同条二項に「市町村の設置する公民館は，特定の宗教を支持し，又は特定の教派，宗派若しくは教団を支援してはならない。」との規定があり，公民館事業の判断基準が存在している。しかし，博物館法自体には同様の規定がない。公民館と違い設置者は多様であり，独立行政法人，公立，私立で事情も異なろう。また，博物館法の適用を受けない博物館が増えている状況の中，法令で一律に決めるということは難しい。（ただし，例えば県立博物館の場合，県の規則で明文化されていることはある。）個別館によってその基準が明示されている場合もあろうが，明文化されたものがない場合，許可の判断が恣意的なものとなる危険性があり，

対外的にも対内的にも問題となるおそれがある。

　博物館を取り巻くさまざまな側面での規制の緩和，弾力化により，利用者として民間企業も含む広がりをもつようになりつつあるなど利用形態が多様になっている現在，展示見学に来館する個人・団体だけを利用者ととらえていた時代から一歩進んで考える必要があるだろう。

5. 利用者とともに育む博物館

　学校五日制への対応，一方で成人の生涯学習への対応など，博物館をより利用しやすくするための工夫が多くの館で試みられている。利用者に利用されることによってはじめて博物館が博物館として生きる以上，それは望ましい傾向である。

　博物館とは，人とモノ，あるいは人と人との交流が行われる空間である。しかし，そこで起きていることは，専門家と呼ばれる人々によってすでに生産された知識を利用者が獲得するという一方向的「啓蒙的」な営みだけではない。利用者の参加により，新たな知識を生み出す，双方向的かつ「創造的」な営みも行われている。そしてこのような「知の創造」意欲は，とくに若い世代に強く見られるという。[1]

　ただし，「知の創造」という時，共同研究のようなダイレクトな知識生産だけを指すわけではない。例えばボランティア活動のような利用者からのさまざまな間接的サポートも知の創造には欠かせない。博物館におけるボランティア活動に関して，下記のような報告は他の多くの博物館でも見られるものであろう。

> 彼ら（彼女ら）は展示場に常時いることで，さまざまな効用を与えてくれている。展示に関する細やかな提言，たとえばキャプションの間違いの指摘，漢字のルビを打つ提案，照明が暗い等，館側が気付かない点を指摘してくれるだけではない。来館者の質問に答える，来館者から展示に関する新たな情報を得る，来館者が自分の

---

[1] 村山皓編『施策としての博物館の実践的評価—琵琶湖博物館の経済的・文化的・社会的効果の研究—』雄山閣出版　2001　p.134.

体験を語っていくなど,人がそこにいるからこそ可能な活動が生まれ,展示に暖かみが加わっている。

　また,「遠足で来た子は風のように立ち去る」「ワイワイガヤガヤ走り回っているが,意外にきちんと見ている子がいる」「コーナーの説明を読む人が少ない」「学生がレポート作成の為に熱心に見学」「目に涙していた」「ゆっくり座ってビデオを見ている」など,来館者の様子をつぶさに観察し,それを館側にリアルに伝えてくれる。…(中略)…また,来館者側もボランティアの存在に期待をもっている。今や,このボランティアスタッフを抜きにして民博の博物館活動を考えることはできないであろう。[1]

　もちろん,すべての利用者がここで挙げたボランティアのように「スタッフの一員としての意識」あるいは「ホスト意識」をもつようになることを望むことは現実的ではない。しかし,関わりの程度はそれぞれであっても,すべての利用者は博物館での知の創造をサポートする存在と言えよう。

　この章では,博物館を利用する立場から,現在どのような利用ができるようになっているのかについて考察してきた。博物館を取り巻く状況が厳しさを増す中,利用することこそが博物館を育てることになるという原点を忘れないようにしたい。

---

1)　中牧弘充編『国立民族学博物館調査報告26　日米共催の展示における学習プログラムとボランティア活動』国立民族学博物館　2002　p.168.

第 8 章
博物館と生涯学習

1. 生涯学習とはなにか

　「生涯学習」というコトバは近年よく見かけるコトバである。しかし，例えば高齢者が行う活動であるとか，趣味・教養・娯楽的な活動であるとかの，一面的な理解もまれではない。一面的な理解といったが，まさに，今あげたような活動も生涯学習の一面ではある。しかし，生涯学習という考え方はそれらを含めてもっと広い領域を指し示していることを理解する必要がある。

　「生涯学習」というコトバが生まれる前に，「生涯教育」というコトバが存在していた。これは，1965(昭和40)年のユネスコ（国際連合教育科学文化機関）の成人教育に関する会議で，ユネスコの成人教育担当者のポール・ラングラン（Lengrand, P.）によって提起された概念であるといわれる。つまり，教育を人生の初期の段階の学校教育だけで考えることは，変化が激しい社会では適当なことではなく，人生の全期間を通じて，また社会のさまざまな領域において，全体として統合させるようなかたちで教育を考えていく必要があるという前提で，生涯教育という概念は提起され，全世界的に広範な支持を受けるようになっていったのである。先進資本主義国，共産主義・社会主義国，第三世界の国々それぞれが，それぞれの理解でこの生涯教育という考え方を取り入れていった。

　この生涯教育という考え方は，すでに存在している社会を前提とし，その変化に適応する・させるための教育がめざされているという批判的な指摘がなされたことがある。生涯教育というのは，その社会を支配する層が支配を強固にし，人々を管理し，支配の永続化を図るための手段であるという指摘である。

日本においてこの生涯教育という考え方は，早い時期に企業内教育の領域において関心を持たれたこともあって，政府・文部省などの生涯教育の推進主体は，当時の進歩的・民主的を標榜する勢力からの批判の矢面に立たされていた。
　一方で，生涯教育という考え方を社会的抑圧からの解放をめざす教育として考えるということもある。例えば，第三世界の国々で日常生活で文字の使用ができる識字率が高くない状況もあるが，そのことが他の先進国からの経済的収奪につながっており，人権の保障という観点からも識字教育をはじめとする教育が学校以外でも組織的に行われるべきだと考えられることがある。先進国内においても同じような状況もあり，社会的抑圧からの解放のために生涯教育が重要だということが強調されるのである。
　このように，生涯教育といっても「適応のための生涯教育」「解放のための生涯教育」とでもいうべき考え方との違いがあることを認識しておく必要がある。
　さて，わが国においては，昭和の末期に大きな教育改革が行われるようになった。これは，臨時教育審議会という組織（首相直属の諮問機関）をつくり，その答申に従って，明治時代以降の学歴社会を解体して生涯学習社会をつくっていこうというようなものであった。
　明治時代に，その時期の先進国に追いつき追い越すために学校を作り，国民を教育していったことは合理的な手法であったといえるだろう。それまでの属性に基づく社会から業績に基づく社会に原理を転換し，効率的・合理的な社会運営がめざされた。また，教育の機会均等ということも一定の規模で実現されていった。しかし結局，競争社会の原理のもと，学歴による人間評価が行われるようになり，学歴信仰，学歴競争が激化し，教育の負の側面が増幅されるような状況になってきた。そこで，生涯教育という考え方が注目されるようになり，さらに，学習する側の主体性を重視すべきだという議論と相まって「生涯学習」という概念が強調されるようになり，生涯学習体系への移行，学歴社会から生涯学習社会へというキャッチフレーズが用いられるようになってきた。
　ここで，生涯学習社会というのは，人生の初期に得た学歴によって人間を評価する社会（学歴社会）に対置される，生涯にわたる自由に選択された学習機

会で学んだことによって人間を適切に評価する社会、というように考えられている。多様な学習機会の存在とその受容、多様で多面的な学習の評価という点は注目されることであるが、評価がない社会ではない、ということは確認しておいてよいであろう。

　よく使われている「生涯学習」というコトバは、実はその背後に持っている意味には深いものがあるということである。単に高齢者が学ぶ、ということだけではない。小さな子どもも、少年・青年・成人も、そして高齢者も、男性も女性も、ありとあらゆる人々の学習ということが「生涯学習」というコトバの示す対象となっているのである。また、その内容は、趣味・娯楽・教養の領域にとどまらず、社会的・市民的・公共的という形容がつくような問題についての内容、さらには高度で先端的な諸科学にまでわたるものとして考えられるのである。そのような学習の内容は、学習が個人的な要求によって行われるのか、社会的要請があって行われるのかによっても異なってくる。さらにいえば、社会が個人を学習しなければいけないように駆り立てるということもあることに注意しなければならない。ともあれ、学習者や学習内容の領域は多岐にわたるということを確認しておこう。

　ところで、学習といっても、そのありようは多様である。たまたま何かしているうちに学んでしまうということはよくある。それも学習というならいってよい。ただし、偶然学んでしまった（偶発的学習）ということであって、学ぼうという意図も、教えよう（学びを支援しよう）という意図も存在していない。学ぼうと思って学ぶ場合も、そうでない場合も、結果（学んだ成果）だけみれば同じであることもある。しかし、いつも同じであるというわけでもない。学ぶ側の意図や教える（支援する）側の意図が存在する場合は、望まれる成果へより効率的に到達することが可能になると考えられる。

　一口に生涯学習といっても多様である。「適応のための生涯学習」「解放のための生涯学習」さらには新しい社会・状況を創りだすという意味で「創造のための生涯学習」ということも考えられる。博物館を生涯学習と関連させて考える場合にも、このようなことを念頭において置くことが必要である。「生涯学習」の支援のための博物館といえば、何か言ったような、あるいはわかったよ

うなつもりになれるが,「生涯学習」自体についてもきちんとして理解が必要なのである。

2. 生涯学習支援のしくみ

　生涯学習という概念自体が広いこともあって，生涯学習を支援するしくみは広範にわたる。学習を効率的に支援しようとしている仕組みは「教育」と呼ばれるものである。家庭教育は家庭という場で，学校教育は学校という場でそれぞれ学習を支援するしくみである。もっとも，学校教育はフォーマル（定型的）な教育といわれるものであって，極めて組織化が進行している。家庭教育はその反対の極にあって，そこでの教育はそう組織立ってはいない。社会教育といわれる教育もあるが，これはどのようにとらえるかによって狭くも広くも考えることができる。ごく，オーソドックスに考えると，教育行政が行っている学校教育以外の教育活動・学習支援活動が社会教育であるということになる。生涯学習を支援するしくみとして，教育というものがあり，さらに家庭教育，学校教育，社会教育というものがあるということなのである。

　教育といわれないものの中にも，生涯学習を支援するものはある。例えば，書店は生涯学習支援をしているということもできるであろう。また，公園も映画館も，広い意味で生涯学習を支援しているということもできよう。偶発的学習が起きる場まで広げなくても，なんらかの学習の支援という意図がある場所やしくみは存在する。その中で効率的に支援しようとしている学校教育と社会教育について，いくつかの点を検討してみよう。

　学校が生涯学習を支援するというと，体育館やグラウンドを開放することや公開講座を行うことをすぐに思い浮かべるかもしれない。それも重要な生涯学習支援である。しかし，児童生徒の教育それ自体が生涯学習の支援であることを忘れてはいけない。すでに述べたように，学校教育も生涯学習支援のしくみのひとつであるといえるのである。学齢期の児童生徒への学校教育という支援の他に，親や地域の住民に対する生涯学習の支援として施設の開放や公開講座などがあるということなのである。学校教育では，資格を持った専門職員であ

る教員の意味が大きい。また，教えられる内容については学習指導要領が存在し，大枠で社会的に固定されている。水準が確保され，全国的にほぼ一律の教育が展開されている。

　社会教育，特に行政が展開している社会教育（行政社会教育）は，生涯学習というコトバが広まる前から（学校教育とともに）存在しているのであるが，近年ではあたかも社会教育というコトバが生涯学習というコトバで置き換えられたかのように思われているような感もある。すでに触れたが，生涯学習の支援のしくみのひとつとして社会教育が存在するのである。わが国において，学校等があまり生涯学習支援に積極的ではないこともあって，生涯学習支援の中心は社会教育である，生涯学習（支援）とは社会教育のことである，というような誤解がおきるのであろう。

　この社会教育は，国・文部科学省による振興策が積極的になされており，それは統制だというような批判はあるものの，基本的には市町村が学習者支援の中心であり，都道府県がそれをさらに支援するというような構造になっている。社会教育主事という専門職員が教育委員会事務局に置かれて全体的な指導助言にあたることになっているが，その専門性についてはそれほど明確ではない。どのような事業を展開するかについては明確な方針を文部科学省が提示しているわけではなく，補助金等による施策の提示ぐらいであり，市町村・都道府県によるバラツキは大きい。具体的な学習内容についても，基本的には市町村レベルで判断されることになる。しかし，それゆえ，一定の方向へ誘導されやすいこともまた事実ではある。

　さて，学校教育・社会教育以外にも，組織的に生涯学習の支援を行っている機関等がある。教育行政以外の行政もそのひとつである。例えば，福祉行政では，人々への意識啓発的な事業や知識・技術の教授ということも行政目的に沿って積極的に行っている。労働行政でも職業能力開発という観点からの生涯学習支援施策がある。観光・地域振興の行政中でも，情報提供や見学・参加型のイベントなどが組まれる。何も行政だけが生涯学習支援を行っているわけではなく，民間の事業者が，カルチャー・センター，文化教室という形の学習機会を提供しているし，茶道・華道などの個人教授所もまた同様である。企業内

教育という形で,限定された人々に対しての学習機会が設定されることもある。さらに別の形で民間による生涯学習支援も存在している。このように,生涯学習支援のしくみは多様に存在しており,それぞれが特徴を持った支援をしているという状況がみられる。

3. 生涯学習支援と施設

　社会教育,特に行政社会教育は,集団の活動を通じてなされる場合と,施設を拠点にしてなされる場合とに大別すると理解しやすい。集団の活動を通じてというのは,例えば,青年団,地域婦人会等の地縁に基礎を置く集団や,さまざまな目的を持ちながら学習活動を重視している集団が,行政の支援を受けながら活動をすすめるものである。施設というのは,公民館,図書館,博物館,青年の家・少年自然の家等の青少年教育施設,婦人教育会館等といわれる女性の学習支援の施設等の社会教育行政が所管している施設のことであり,そこを拠点として学習活動が展開される。前述のように,生涯学習の支援は,社会教育それも行政社会教育だけでなされるのではないので,このような施設(社会教育施設)だけで生涯学習の支援が行われているわけではない。しかしこれらは,効率的に生涯学習支援を行おうとしているものでもある。なお,生涯学習施設という概念が用いられて,より広く,社会教育関連行政の所管する,勤労青少年ホーム,働く婦人の家,保健所,コミュニティセンター等や,学校,カルチャーセンター,個人教授所などが考えられている。さらに,生涯学習関連施設として,書店,CDショップ,喫茶店,銭湯,遊園地,広場等を位置づけることもできる。[1]

　公民館は,第二次世界大戦の敗戦にともなう郷土復興という役割をもって構想された総合的な社会教育施設であり,日本的な施設であるとされる。図書館は,書籍等を中心に置いた社会教育施設である。博物館は,博物館資料を中心

---

1) 守井典子「生涯学習支援の施設体系」鈴木眞理・守井典子編『生涯学習の計画・施設論』(シリーズ生涯学習社会における社会教育6) 学文社　2003　p.59-73. 鈴木眞理「生涯学習施設とは何か:その考え方と課題」『文教施設』No.10　2003　p.25-28を参照されたい。

とする社会教育施設である。それぞれ，社会教育法（昭和24年），図書館法（昭和25年），博物館法（昭和26年）で規定されており，社会教育施設のなかでも，この公民館，図書館，博物館がより中心的な施設であると考えられているといえよう。

これらの社会教育施設は，人々の学習活動の場を提供する施設であり，そのための恒常的な施設であること，学習活動の支援のための工夫がなされていること，広く一般に開放されていること，などの特徴を共通にみることができる。また，施設という場合，物的側面だけでなく，人的側面，機能的側面についても充実されることが必要であると考えられている。[1]

ところで，「博物館と他の機関を区別する条件」として，(1)オリジナルな資料を収蔵（飼育を含む）していること，(2)継続的な展示施設・設備をそなえていること，(3)職員による独自な公共的運営がなされていること，(4)継続的な一般公開を目的としていること，が挙げられることがある。[2] この「区分の条件」は「公民館，図書館なら誰でもすぐイメージできますが」という認識のもと，画廊，古道具屋，図書館，貸し会場型美術展，博覧会，文書館，庭園，公園，営利を目的としたショールーム，政治目的をもつ自衛隊PR館，原発PR館，信仰を目的とした寺院・神社自体の施設，非公開の個人コレクション等を例示して，それらとの違いを明らかにするために示されたものである。

一般的にいって，公民館はイメージしにくいし，標準的な公民館をどう認識すればよいのかの判断も容易ではないので，公民館がイメージしやすいというのは，おそらく個人的な背景によるものであると思われる。それはそれとして，ここに挙げられている条件というのは，前述した社会教育施設としての特徴を基礎にしていると考えてよい。

博物館が図書館や公民館などと違うのは，「オリジナルな資料」という点なのであるが，図書館ではそれが「著者の原稿が印刷された図書資料」（伊藤）が中心になり，公民館においてはそれが，例えば抽象的な次元での思想・知識・

---

1) 鈴木眞理「社会教育施設の意味」碓井正久・倉内史郎編著『改訂・新社会教育』学文社　1996　p.135-137.
2) 伊藤寿朗『市民のなかの博物館』吉川弘文館　1993　p.5.

技術というものであったり，人間同士の関係であったりするのである。施設・設備，職員（による運営），公開，というような条件は社会教育施設としての特徴のなかに含まれるものなのである。つまり，ややくどくなるが，先に示された画廊，古道具屋，貸し会場型美術展，博覧会，庭園，公園等は社会教育施設であるとはされないということなのである。ただ，「営利を目的とした」「政治目的をもつ」「信仰を目的とした」というようなことを排除する条件を社会教育施設であるかどうかに関する基準にすることは，それほど一般的な合意があるとはいえない。社会教育施設は公共的施設であるが，すべてが国・地方公共団体によって設置・運営されているわけではないのである。

「博物館を構成する要素は，もの，ひと，ばが不可欠であるが，しかし，単なるものであり，ひとであり，ばではない」[1]という表現はよく使われ，単純明快ではあるが，深い意味を考えさせられるものである。社会教育施設は，物的側面，人的側面，機能的側面のすべてをとらえるべきだとされているが，当然，これらの側面が総合的に関わりあってはじめて社会教育施設としての働きをもつということになる。しかしこの際，やはり重要なのは，物理的な意味合いを基礎とした「ば」というものである。すでに述べたように，社会教育は，集団の活動を通じてなされる場合と，施設を拠点にしてなされる場合とに大別して理解できるのであるが，施設がさまざまな活動の拠点として存在していることは，あまりに当たり前のことであって，むしろそのことより，職員や活動自体が強調されるようなことになりがちである。恒常的な「ば」が存在することの意味は，学習活動を展開する人々にとっても，またそれを支援する側の人にとっても大きい。「ひと」と「ひと」との関係，「もの」と「ひと」との関係を繋ぐ恒常的な拠点としての社会教育施設の意味を確認することが必要であろう。

---

1) 倉田公裕『博物館学』東京堂出版　1979　p.13.

4．生涯学習の支援と博物館

　博物館は，社会教育施設として生涯学習支援を行う施設である。それは，どのようなことを意味するのであろうか。単に枕詞（ことば）として「生涯学習社会」をもってきたり，博物館関係者の，あるいは特定の領域の研究者の勢力を拡張するために「生涯学習支援」を謳（うた）って博物館を利用したりするために有効であるということではない。また，「社会の変化，人々の多様化・高度化する生涯学習への要請」などをそのまま前提にして，それに博物館がどう対応すべきかを検討すればよいということではない。生涯学習ということがら自体が複雑な背景をもつものであることを考えてみれば，より原理的部分での検討も必要なのである。

　博物館は，「適応のための生涯学習」「解放のための生涯学習」「創造のための生涯学習」のどれと対応するものなのだろうか。博物館は，どのような人々を生涯学習支援の対象としているのであろうか，個人の欲求に対応するのか，社会の要請に対応するのか，それと関連して，博物館の活動の内容（収集される資料そのものも含めて）はどのようなものになっているであろうか。さらに，博物館の生涯学習支援にみられる特徴はどのようなものであろうか，などをそれぞれ確認していく作業は重要なことであるはずである。ここでは，「社会的存在としての博物館」ということを強調しつつ，いくつかの点を検討しよう。

　「社会的存在としての博物館」というのは，博物館は外部社会との関係の中で存在しているという，ごく自明と思われることを表現しているにすぎない。しかし，ともすると，社会的存在であるということが忘れられ，あるいは逆に所与の社会を前提にしてのみ活動が展開されるということが稀ではない。

　例えば，さまざまな博物館資料の国外への流出問題についてみても，そこには武力的背景・政治的背景・経済的背景等さまざまな社会との関係が織りなされていることがあるし，博物館の制度についても，博物館の内在的論理ではなく外部社会のそのときどきの状況によって動かされる場合も稀ではない（例えば，規制緩和・行政改革との関連での基準に関する考え方の変更や国公立施設

の独立行政法人化問題)。さらに，博物館の展示についても，テクノロジーの発展との関連や社会倫理との関連あるいは政治的な絡みなど(具体的には性表現・ジェンダーの問題や，戦争観の問題等)でも問題が生じることもある。

　博物館は他のさまざまな施設・機関・団体などと同じように，社会からの影響を受けつつ存在し，また社会に対する働きかけをしていくものであるという，きわめて自明なことを確認することは，博物館関係者，特に研究志向の関係者には重要なことであると思われる。博物館は生涯学習支援の機能をもつのであって，社会との関係は十分に意識される必要がある。

　博物館は，「適応」のためにも，「解放」のためにも，「創造」のためにも存在する。博物館は，既成の社会の状況を自覚し，その社会の支配的な価値を植え付け・強化していくという機能ももつ。人びとを強制的にあるいは人びとが自覚しないようなかたちで(「社会教育の統制理論・適応理論」という考え方がある。倉内史郎『社会教育の理論』第一法規，1983)，博物館の資料や活動を通して「適応のための生涯学習」を支援することがある。まったく社会的なことは考えないということもその社会の価値観を前提にした行動なのである。また，抑圧からの解放をめざした生涯学習支援を博物館が行うこともある。その社会の支配的な価値とは別種の価値を提示していくことによって人々の学習活動を支援する，「解放のための生涯学習」支援という方向である。

　ところで，「適応」にしても「解放」にしても，望ましい価値は所与のものとして位置づけられている。どのような価値を選択するかという行為が，設置者やあるいは職員によってなされる。(前述のように伊藤寿朗は，「職員による独自な公共的運営」という表現を用いていたことを想起すると面白い。)このあたりをめぐって，博物館の資料収集，展示，教育活動等の諸領域においてさまざまな議論が展開されることになるのである。いわば博物館は，外部社会によって揺り動かされるのである。これは当然のことなのであって，なんら不思議なことではない。さまざまな活動はなんらかの形で価値の問題と向き合うのである。

　博物館は，「創造」のための生涯学習の支援者ともなる。既成の価値の間を浮遊するのでなく，新しい価値を創出するということを支援するという意味で

ある。例えば，過去の歴史や現在の社会状況に規定されるだけでなく，それらの影響を受けながらも，新たな価値を模索し創造していくための生涯学習を支援する博物館という存在も考えられる。単に地域社会の歴史を回顧するだけでなく，また地域の状況を肯定的にとらえるだけでなく，批判的に（否定的にという意味ではない）地域の現状を見つめ直し，新たな（それは，結果的には現状と同じでもかまわない）地域の創出を考えるというような活動を支援する博物館のありようである。これは，例えば，社会的倫理などについても，あるいは美術の分野でも自然科学の分野でも同じように考えることができよう。新たな価値の創出に関与する博物館という能動的な姿勢も求められることになろう。

物的側面，人的側面，機能的側面という諸側面が総合され，収集・展示・調査・教育という総合的な機能をもつ博物館の生涯学習支援への期待は大きいといえる。

5. 博物館の生涯学習支援機能

博物館は法律の規定によれば，社会教育施設（機関）である。しかし，利用者に対してはさまざまな形で，生涯学習支援を行っていると考えることができる。偶発的学習が博物館でなされる場合もある。教育としてしかけられた展示そのものからではなく，まったく偶然に何かを学ぶということもある。デートスポットとしての博物館も，家族の憩いの場としての博物館も，孤独に時間を過ごす博物館も，ミュージアムショップやカフェテリアに関心が向いてしまう博物館も，利用者それぞれにとっての生涯学習につながると考えてよいといえる。

博物館は，学校教育ともおおいに関係をもつ。学社連携や学社融合というコトバが使われ，学校教育と社会教育との関係強化の必要が強調されてきたが，近年では，博学(博物館と学校)連携というコトバも使われるようになってきており，学校の教員，博物館の学芸員等の相互理解を基礎にした学校教育のなかに博物館活動を入れていく動きがみられる。これは単に「博物館見学」を単発

的に行うのではなく，学校のカリキュラムにきちんと博物館の資料や研究成果，さらには学芸員の存在自体も組み込むものである。学芸員とともにカリキュラムを構成したり，学芸員の「教員」としての登場もある。さらに，学校の教員が博物館を利用して教材作成・研究などを行い授業に反映させる，博物館で教員も加わりながら共同して教具（標本等）を作成し貸出しを行うなどというようなこともある。ただ，学社連携・学社融合を強調するために，また，さまざまな行政改革や教育改革の中で，博物館の存在意義を強調するために，特に公立系の博物館が，学校教育支援に過度に力をいれすぎている傾向も見受けられる。これは，博物館が生き延びるための方策ではあるが，社会教育のもつ特質を失ってはいけないことにも留意する必要があろう。[1]

　社会教育施設としての博物館は，単に展示を中心とするだけではない参加体験型の活動にまでその機能を広げ，ワークショップの開催やさまざまな講座等を設置するということはかなり広がってきているといえる。他の博物館と連携・協力しながらの事業も行われるようになり，公民館，図書館，青少年教育施設等との連携・協力も考えられるようになってきた。ただその際，さまざまな社会教育活動を展開する意欲や能力を担当者（学芸員）がもっているかどうかということが問題になる。学芸員の仕事はどのような点で評価されるべきなのかという検討も必要になるであろう。

　博物館へのボランティアの受け入れということも，生涯学習支援の一環として考えることができる。ボランティアは博物館の利用者に対するサービス（生涯学習支援）をしているのであるが，ボランティア活動をすること自体が学習になっていたり，ボランティア養成講座が実施されたり研修の機会が存在していれば，より充実したボランティア自身の生涯学習支援ということにもなっているのである。博物館の継続的利用者としてボランティアを位置づけることもできるのである。

　当然のことであるが，人的側面の未整備の肩代わりとしてボランティアを導

---

[1] 鈴木眞理「学社連携・融合の展開とその課題」鈴木眞理・佐々木英和編『社会教育と学校』（シリーズ生涯学習社会における社会教育2）学文社　2003　p.211-225.

入すべきということを肯定しているわけではない。むしろボランティアの導入は，博物館にとっては負担を増やすことになるのであろう。しかし，生涯学習支援のためにも博物館は存在しているのであること，「創造のための生涯学習」支援にも力を入れるべきであること，などを考えた場合，博物館内の同質性を崩す存在としてボランティアの役割は意味があるといえるであろう。[1]

　博物館の世界にもさまざまな科学技術が導入され，新しいメディアを用いた活動が華々しく展開されている。物的側面での充実は財源さえあれば急速に飛躍的になされる。しかし，例えば個人対応の解説システムが開発され，来館歴等をはじめとする個人情報が蓄積されていくということを想定すると，これまであまり考えられなかった「博物館とプライバシー」「博物館と学習の自由」というような問題が生じることになる。物的側面だけでなく，他の側面も同時に考えていくということの必要性の認識，あるいは博物館が向かい合っているのは生活をしている人間なのだという認識をすること，これらのことは当たり前のことなのだが，再度強調しておきたい。社会教育法では，博物館は「社会教育のための機関」（第9条）であるとされているが，制度的な位置づけがどうであれ，博物館には重要な欠くことのできない機能として，教育あるいは学習支援の機能があることを認識すべきなのである。教育あるいは学習支援の機能が欠けたあるいは軽視した博物館は，博物館の名に値しないともいえるだろう。

　これも，当たり前のことではあるが，博物館の関係者，なかでも学芸員は，個別の学問領域の専門家であるとともに，生涯学習支援の専門家でもあり，生涯学習支援のありようについても深く検討しながら活動を進めていくことが求められている。[2]

---

[1]　鈴木眞理『ボランティア活動と集団——生涯学習・社会教育論的探究』学文社　2004　p.183-193.
[2]　生涯学習社会における社会教育の問題を総合的に扱ったものとして，鈴木眞理編集代表「シリーズ生涯学習社会における社会教育」（全7巻）学文社　2003　がある。

第 9 章
博物館研究への誘い

1. 博物館，そこは探求の宝庫

（1） 不思議の殿堂：小説に描かれた博物館

　博物館という言葉から人は何をイメージするだろうか。有名作家の絵であれ，熱帯地方の色鮮やかな動植物であれ，ふだん見られないものを見ることのできる「魅力あふれる非日常空間」をイメージする人もいれば，日常の雑事から離れる「リラックス空間」ととらえる人もいるだろう。一方，「博物館行き」という言葉に見られるように，博物館を陰気で活気のない空間として，自分とは縁の無い場であると感じている人もいるに違いない。

　研究方法論に入る前に，博物館を舞台とした小説を 2 冊紹介したい。

　E. L. カニグズバーグ（Konigsburg, E. L.）『**クローディアの秘密**』（岩波少年文庫，1975）は，少女クローディアが弟のジェイミーをつれてニューヨークのメトロポリタン美術館に家出をする物語。そこに描かれる子どもの目から見たメトロポリタン美術館は，博物館を考えるにあたって示唆に富む。

　クローディアは日常のすべてのことに飽き飽きして家出を計画するが，家出先は「どこか大きな場所，気持ちのよい場所，屋内，その上できれば美しい場所。」（p.9）でなければならないとして，メトロポリタン美術館を隠れ家に選ぶ。美術館で二人は，英国ルネサンス広場にある高い天蓋付きの華やかな彫刻がほどこされた16世紀のベッドを発見し，「こんなに上品でロマンチックなベッドがどうしてこんなにかびくさいのかしら？」（p.53）と不平をたれつつもそこで寝泊まりをするようになる。

二人は展示品のベッドで眠ってしまったり，あるいは館内の噴水の中に落ちているコインを拾い集めてしまったり，誰もが「こんなことをしてみたい！」と一度は思う（？）ことを実際に体験してしまうわけだが，博物館の実像が一般来館者の視線でリアルに語られている点がこの小説の面白さの一面だろう。

例えば，博物館を訪れる人々は次のように描かれる。

> 水曜日には，ブロードウェイの昼の芝居がはじまるまで時間をつぶす上品なおばあさんたちがきます。……水曜日は観光客も美術館にきます。男の人はカメラをもっているし，女の人はハイヒールをはいて，足が痛そうなので，観光客とわかります。……美術を勉強している学生もいます。この人たちは一週間じゅういつでもいます。(p.42)

> ジェイミーは授業はすかないとしても，ミイラは好きでした。そこでふたりはエジプト部のほうへ歩いていきました。そこでふたりは，同じようにここを見学にきているクラスにあいました。……ふたりはガイドさん——美術館で働いている，とてもきれいなお嬢さん——の説明をきき，たくさんのことを教わりました。ちっともいやでありませんでした。学校にいないと，じつによく何かがおぼえられるのに，ふたりはおどろきました。……この一行は，わたしが今まで美術館でみてきた小学生の団体の典型にちがいありませんから，わたしには，子ども達が何をしていたか，お話しすることができますよ。W小学校六年生のうち，少なくとも十四人は，しきりにおたがい同士つっつき合いをしていました。十二人はいつになったらおひるがたべられるかなあと思っていました。四人は，あとのどのくらい待てば水が飲めるのかと心配していました。(p.67)

しかつめらしく展示を見学する人のみならず，暇つぶしに来る人，観光客，学生，小学生の団体……博物館は何よりもさまざまな人が集まる場であることが，小説の一節からもうかがえよう。

ところで，この物語は美術館の新しい掘り出し物である小さな天使の像をめぐって展開する。天使の像の魅力にとりつかれた二人は，探求心に導かれるままその秘密に少しずつ近づいていく。像を詳細に眺め，図書館で調べものをし，寄贈者に直接会って話を聞く……一端の「研究者」のごとく，〈もの〉を通して学習する二人の姿が決して堅苦しくならずに描かれている。これぞ博物館を

契機とした学習の型を語っているのではないだろうか。
　クローディアとジェイミーがドキドキワクワクしながら学びを展開していく姿に注目して読んでみよう。
　スティーヴン・ミルハウザー（Millhauser, Steven）『**バーナム博物館**』（福武文庫，1995）は博物館のちょっぴり怪（妖）しげな魅力を知るには絶好の書。本短編集の表題作「バーナム博物館」は，19世紀北米に現れた興行師 P. T. バーナムが1842年ニューヨークに開設したアメリカ博物館を題材に取った作品である。奇怪な見せ物で世間の耳目を集めた彼の伝記的事実を踏まえた上で，耽美的な作風で知られる現代アメリカ作家ミルハウザーが，その胡散臭さを積極的に取り込みつつ，魅惑的幻惑的な博物館を私たちの前に見せてくれている。
　それは，例えば女子高生ハンナ・グッドウィンが，恋する女のように，自分を誘ってやまぬ展示室に身を委ねる様子として「高い塔や曲がりくねったトンネルに，いつも変わらぬ妖しい魅力をたたえたバーナム博物館の出入口に，すべてを忘れて我が身を預けるのだった。」(p.280) と描かれているところからもわかるだろう。
　私たちが博物館に出かけて通常目にする「働く人々」とは，展示室の監視員や受付の人，レストランやミュージアムショップで働いている人々である。では，研究を職務とする学芸員はどうだろう。

> 言い伝えられたところによれば，それらの部屋（注：館内最上階の片隅にある締め切った小部屋で日夜研究に励んでいる学芸員の部屋）には埃まみれの書物が山と積まれ，天井まで達しているという。研究員たちが本当に存在するかどうかは定かではない。……研究の結果はごくまれに，分厚い書物となって刊行されると言われている。そしてそれらの書物も，博物館の上方の階に保管された，他の研究員にしか読まれることのない，巨大な合本の書物の一部になるという。時おり，最上階の狭い廊下で，どこかの部屋のドアが開き，白墨のように白い顔の男の姿が現れることがある。だがその姿も，またたく間にふたたびドアの向こうに消えてしまうため，自分が本当に，あの亡霊のごとく捉えがたい伝説の研究員を見たのかどうか，私たちはけっして確信することができない。(p.286)

第 9 章　博物館研究への誘い　155

　ミルハウザーは，学芸員とは「白墨のような白い顔の男の姿」で「亡霊のごとく捉えがたい，伝説の研究員」であると言っているのが，実際の学芸員は，あるいは読者の目にする学芸員は，どういう人々だろうか。
　ミュージアムショップもミルハウザーの手にかかると，「不思議な空間」となる。その怪しさは，本小説の中でも際だっている箇所なので，こちらも紹介しておこう。

> バーナム博物館のギフトショップでは，古めかしいセピア色をした人魚や海龍の絵葉書や，ぱらぱらページをめくると空飛ぶ絨毯が宙に浮かび上がる豆本，様々な展示室のカラーミニチュアが見えるのぞき窓つきのボールペン，一度弾むとそのまま空中にとどまっているアラビア製のゴムボール，虎，象，ライオン，北極熊，キリンなどとりどりの形のシャボン玉が作れるダークブルーの溶液を入れた小壺，無限に変化しつづける龍の姿を映し出す中国製の万華鏡，蠱惑的な万像鏡や幻視機，動く絵を描くことができる生きたペイントを入れた箱，一度転がしたらけっして止まらない，黒い森で採れた木でできたラッカー塗りの木玉，その前に置かれた物質と同じ形と色を帯びる無色のゼリー状物質を入れた壺，日光を直接浴びると消えてしまうきらきら光る赤い箱，家々を抜け庭や屋根を越えて飛ぶ日本製の紙飛行機，絵の部分に薄紙がかぶせてあって，紙を持ち上げるたびに違った絵が出てくるフィンランド製の絵本，空中に絵を描けるよう特殊加工を施した水彩絵の具のセットなどを売っている。(p.287)

　頭の中が疑問符で埋まるようなヘンな品物ばかりで，こんなものあるわけないっ！と理性的な人なら思うだろうが，それでもなおかつ「博物館だったらそれに類するものがあるかも」「あったら面白いな」と思わずにはいられない（「家々を抜け庭や屋根を越えて飛ぶ日本製の紙飛行機」なんて，ぜひ見てみたいと思いませんか？），そんな気にさせられる小説である。ぜひ一読してほしい。
　さて，小説の中で表現された博物館は作者のイメージによって形成された博物館像に基づいており，博物館のすべて，あるいは実情が正確に表されているわけではない。しかし作家の「博物館とはなにか」という考えが顕著に表れていて面白い。『クローディアの秘密』の作者カニグズバーグにとっても，『バーナム博物館』の作者ミルハウザーにとっても，そこはきっと「不思議の殿堂」

だったのだろう。子どもも大人も何かわくわくする思いをかき立てられる場として，あるいは気持ちよい場所として，探求心がわき起こる場として，おどろおどろしさに不思議な魔力を感じさせる場として，博物館は私たちの目の前に描かれているのだから。

　読者にとって，博物館とはさまざまな魅力を備えた場であるかもしれないし，そうでないかもしれない。しかしいずれにしても，今見ている展示はどういう手順で作られたのか（収集，保管，研究から展示へという流れ，展示業者の役割，特別展と新聞社との関わり，など），ミュージアムショップやレストランはどういう運営がなされているのか，そもそもここに博物館が建てられたのはどういうわけがあってのことなのか……，そういういわば「博物館を支えるシステム」については知らない人がほとんどだろう。学芸員の職務や，今あなたが手にしたミュージアムグッズの由来についてもしかりだろう。

　もちろん，そのようなことを知らなくても博物館は十分楽しめる。が，博物館を研究対象として志す読者としては，各々の博物館に隠されている「小さなサイン」一つひとつに注目するとともに，博物館という存在の背後にある歴史や思想，そして支えるシステムにまで考察を広げて欲しい。

　博物館という場は訪れる者にとって「不思議の殿堂」であるとともに，研究を志す者にとってもさまざまな面白い現象，思想の詰まっている「探求の宝庫」なのである。

（2） 何のために，何を，どのように展示するのか：
　　　　　　　　博物館を研究するということ

　もちろん，想像力や探求心をかき立てられる魅惑的な「不思議の殿堂」ばかりが博物館ではない。博物館が「政治闘争の場」と化すこともしばしば見られる。

　1995年の戦後50年の前後，戦争博物館（平和博物館）あるいは近現代史展示のあり方についてさまざまな議論が出された。日本においては平和祈念館をめぐって，他方アメリカにおいてはスミソニアンの航空宇宙博物館の原爆展をめぐって。

荒井信一編『**戦争博物館**』(岩波ブックレット，1994) には，「本来，戦争博物館とは，戦争の悲惨さを学び伝えることによって平和を願い，二度と戦争を起こさないことを心に刻むための施設であろう。その意味においていかなる戦争博物館を作るかは，われわれ日本人の戦争責任観が問われる問題でもあるのである。」(波田永実，p.33) という記述がある。現在の日本社会には対立を孕(はら)む歴史観，戦争観がせめぎ合っている以上，博物館の提示するメッセージはさまざまな政治力学によって決定づけられる。そうであるがゆえのことだろう。当事者が多数生存している近現代史の展示は，評価がバラバラである，つまり定説が生まれていないという理由で忌避される傾向にある。目に見えないプレッシャーもかかっているのだろう。[1] その中で奮闘している博物館の試みに敬意を払いつつ，博物館は一つのメディアであり，展示は「すべて構成されたもの」である以上，そこに働くポリティクスについても考察が求められる。[2] 合衆国の例になるが，航空宇宙博物館において原爆展が当初案と比べ部分的なものに終わってしまった経緯について，当時の館長マーティン・ハーウィット (Harwit, Martin) 自身による『**拒絶された原爆展——歴史のなかの「エノラ・ゲイ」——**』(みすず書房，1997) で詳細に綴られているが，それを読むと，博物館という一社会教育施設がいかに単独では存在し得ないか，いかに社会システムに規定されざるを得ないのかがわかるだろう。

　歴史展示に限らない。美の基準であったり，科学への信頼感であったり，あるいは女性や人種的民族的マイノリティの見方であったり，さまざまなファクターが博物館の展示をめぐって闘争を繰り広げている。その際，従来の常識と見なされる事象に挑戦的メッセージを投げかける展示は，しばしば論争を生む。社会の縮図が博物館に顕れ，博物館の展示を通して社会の力関係を知ることができるわけだが，このような論争は，「博物館とは何か」改めて考えるよいきっかけとなる。

　仮に今までの博物館展示が論争的なテーマから逃げる傾向にあったとして

---

1) 新井勝紘「近代史研究と博物館展示」『歴史評論』No.526　1994.2　p.30.
2) このことはメディア・リテラシーを考える上での基本概念である。鈴木みどり編『メディア・リテラシーを学ぶ人のために』世界思想社　1997　p.25.

も，今後，博物館活動が活発化するならば，展示をめぐる論争も今まで以上に避けられなくなってくるだろう。そうであるならば，活発な論争を保証するような博物館理念を構築する知的営み—研究—も必要ではないだろうか。[1]

なお，わが国の国際社会の中での位置づけを考えれば，博物館が国際的な視線にさらされることも当然であろう。博物館は，わが国を訪れる人々にメッセージを伝える場として機能している側面があることも忘れてはならない。

博物館を研究対象とする，ということは，博物館を訪れた際の印象記を書くこと，紀行文を書くこととは違う。第一に，そもそも博物館とは何か，何のために生まれ，何を目的に存在しているのか絶えず問い返す知的営み，言い換えると，存在論のレベルで博物館をとらえる研究である。同時に，博物館の機能，すなわち収集，保管，調査研究，展示，教育普及など，それぞれを題材に，実践レベルで，各々の目的にてらし，よりよい博物館活動を目指すための研究も必要だ。

整理してみよう。博物館を研究対象とするにあたって，大きく分けて二つの研究視点がある。博物館とは何か，その存在理由・存在のあり方を問う視点，そして，収集・保管・調査研究・教育普及のあり方を考える実践の学としての視点である。もちろん両者ははっきりと区別されるものではない。前者を考えつつ，そこから実践論へと展開していく試み（あるいはその逆）は重要であるし，またそういった視点こそ大事にすべきだろう。そして両者を繋ぐ問題として，制度論，マネジメントが浮上してこよう。

このように，博物館を研究するに際しては，そこで行われている日々の営みとともに，その背後にある理念，および博物館を支える制度・システムにまで目を配ることが求められる。

---

1) いわば「博物館における知的自由」を構築する研究だが，その必要性ないし可能性を含めて考察するための関連書籍として，図書館学研究における以下の成果を参考書として挙げておきたい。ただし図書館と博物館との相違については留意する必要がある。
　アメリカ図書館協会知的自由部編，川崎良孝・川崎佳代子訳『図書館の原則　新版—図書館における知的自由マニュアル（第5版）—』図書館と自由第15集　日本図書館協会　1997，川崎良孝『図書館の自由とは何か　アメリカの事例と実践』教育史料出版会　1996．

2. 博物館に行ってみよう

　では，まず研究対象たる博物館を訪問してみよう。
　博物館ガイドは多数あるので，書店や図書館で見ることができる。日本国内の全博物館に関する基本情報を掲載した文献として，
　　日本博物館協会編『全国博物館総覧』（全4冊）ぎょうせい　1986（加除式）
を挙げておく。日本国内にどれほど多くの博物館があるかわかる。その他，総覧的な博物館ガイドとして，
　　大堀哲編著『日本博物館総覧：ミュージアムへの招待』東京堂出版　1997
　　井上城編『全国文化展示施設ガイド(第2版)』ハッピー・ゴー・ラッキー・
　　　エイム　2002
がある。
　また，分野別の博物館ガイドとして以下の文献もあるので，必要に応じて参照するとよいだろう。
　　全国美術館会議編『全国美術館ガイド』美術出版社　2001
　　『個人コレクション美術館博物館事典』日外アソシエーツ　1998
　　『歴史博物館事典』日外アソシエーツ　1999
　　歴史教育者協議会編『新版　平和博物館・戦争資料館ガイドブック』青木書
　　　店　2000
　　『新訂　人物記念館事典　Ⅰ文学・歴史編』日外アソシエーツ　2002
　　『新訂　人物記念館事典　Ⅱ美術・芸能編』日外アソシエーツ　2002
　　中川志郎監修『全国人物記念館』講談社　2002
　　『科学・自然史博物館事典』日外アソシエーツ　2003
　　『新訂　企業博物館事典』日外アソシエーツ　2003
　　経済広報センター編『企業の博物館・科学館・美術館ガイドブック：全国版』
　　　経済広報センター　2001
　地域別の博物館ガイドを当該地域の博物館協会や教育委員会，新聞社等が発行している例もある。以下に数例を挙げるが，その他の地域についてはそれぞ

れ探してほしい。

 北海道博物館協会『北海道・新博物館ガイド』北海道新聞社　1999

 群馬県教育委員会『ぐんま美術館・博物館ガイド＆観光情報』群馬県教育委員会　2003

 『京都市内博物館ガイドブック(第4版)』京都市内博物館施設連絡協議会　2003

 『兵庫の博物館ガイド』創元社　2002

 『四国の美術館・博物館』高知新聞社ほか　1997

 沖縄県博物館協会『沖縄の博物館ガイド（新版）』編集工房東洋企画　1998

　現在では，ずいぶん気軽に海外旅行ができるようになったので，旅行ついでに博物館にも寄って欲しい。世界の主要な博物館に関しては，やや古く，収録博物館が欧米圏に偏っているが，

 『世界の博物館』（全23巻）講談社　1979

が多数の写真もありわかりやすい。また手軽に読める文献として，

 川成洋編『世界の博物館』丸善ライブラリー　1999

 川成洋編『世界の美術館』丸善ライブラリー　1997

もある。

　もっと詳しい情報が知りたい人は，例えばアメリカ合衆国の博物館に関してなら，

 The Official Museum Directory 2004 National Register Pub. Co. 2003

が網羅的な情報提供をしている。電話帳並の厚さのもので，毎年改訂版が出版されている。

　入館したら，自由に館内を動き回ってみよう。展示見学もよし，イベント参加もよし，来館者ウォッチングもよし……ミュージアムショップやレストラン，ポスター，さまざまな標識，あるいは建築構造，立地など，見るものはたくさんある。きっとその中にあなたの興味をひく現象，関心の持てるテーマが見つかるだろう。研究には何よりもまず「問題意識を持つこと」が大切だ。

3. 基本文献（和書）

　さて，研究したいテーマが決まったら，当該テーマについての先行研究にあたってみよう。もちろん，実際に博物館へと足を運んだものの，初めてならどの点についてどのような視点で見ていけばよいのかわからない人も多いはずである。自分の見方は独り善がりのものではないかどうか，自身の視点を相対化することも大切だ。そのためにも，今までどのようなことが研究されてきており，また，現在博物館はどのような問題を抱えているのか，先行研究に目を通すことで研究へのヒントが得られるだろう。

　博物館関連の書籍は近年盛んに出版されている。ここでは，ごく基本的な文献と考えられるものについて紹介しよう。詳しい参考文献リストについては，本シリーズの別巻，
　廣瀬隆人編『博物館学基礎資料』樹村房　2001
を参照してほしい。

（1）教　科　書

　博物館学の講座本としては，樹村房の本シリーズ（全7巻・別巻1）以外に，以下のものがある。
　　古賀忠道・徳川宗敬・樋口清之監修『博物館学講座』（全10巻）雄山閣出版
　　　1978-1981
　　加藤有次［ほか］編『新版・博物館学講座』（全15巻：予定）雄山閣出版
　　　1999-
　また，博物館全体について取り上げている教科書的な文献としては，次のようなものがある。
　　伊藤寿朗・森田恒之編著『博物館概論(5版)』学苑社　1987
　　伊藤寿朗『市民のなかの博物館』吉川弘文館　1993
　　千地万造『博物館の楽しみ方(講談社現代新書)』講談社　1994
　　Timothy Ambrose, Crispin Paine, 日本博物館協会訳『博物館の基本』日

本博物館協会　1995
加藤有次『博物館学総論』雄山閣出版　1996
中村たかを『博物館学概論(普及版)』源流社　1996
倉田公裕・矢島國雄『新編博物館学』東京堂出版　1997
関秀夫『日本博物館学入門(第2版)』雄山閣出版　1997
並木誠士・吉中充代・米屋優編『現代美術館学』昭和堂　1998
水藤真『博物館を考える』山川出版社　1998
中村浩『博物館学で何がわかるか』芙蓉書房出版　1999
網干善教・高橋隆博編『博物館学概説(改訂版)』関西大学出版部　2001
岡部あおみ［ほか］『ミュゼオロジー入門』武蔵野美術大学出版局　2002
全国大学博物館学講座協議会西日本部会『概説博物館学』芙蓉書房出版　2002
石森秀三『博物館概論(改訂版)』放送大学教育振興会　2003

（2）　基本資料（事典，統計，法令，史料等）

博物館学関係の事典としては，次のようなものがある。
加藤有次・椎名仙卓編『博物館ハンドブック』雄山閣出版　1990
倉田公裕監修，石渡美江［ほか］編『博物館学事典』東京堂出版　1996
日本展示学会編『展示学事典』ぎょうせい　1996

また，日本博物館協会が発行している『博物館白書』（不定期刊。2004年1月現在の最新版として，平成11年版『日本の博物館の現状と課題』がある）には博物館に関する各種統計が掲載されている。日本博物館協会は，白書以外にも法令集や職員録，あるいはボランティアに関する資料など時代の要請に応じた文献を随時出版しているので，頻繁にチェックするとよいだろう（日本博物館協会，http://www.j-muse.or.jp）。

文部科学省が3年毎に実施する社会教育調査にも博物館に関する統計が含まれている。これは文部科学省のホームページでも閲覧できる（文部科学省，http://www.mext.go.jp）。また，電子博物館に関しては，

デジタルアーカイブ推進協議会『デジタルアーカイブ白書』（各年度版）

が参考になる。

博物館に関する法令については,
　国立教育政策研究所社会教育実践研究センター編『博物館に関する基礎資料』
　　2001　不定期改訂
が詳しい。法令や告示のみならず,答申,建議,各種補助制度,国際的規定や条約,先述の文部科学省社会教育調査の関係部分等,博物館運営に関する基本的データが掲載されている。

　日本の博物館史料としては,東京国立博物館編『東京国立博物館百年史』(1973),国立科学博物館編『国立科学博物館百年史』(1977),東京都恩賜上野動物園編『上野動物園百年史』(1982)等の個別博物館史のほか,以下の文献が参考になる。
　伊藤寿朗監修『博物館基本文献集　第Ⅰ期』(全9巻)大空社　1991
　伊藤寿朗監修『博物館基本文献集　第Ⅱ期』(全12巻・別巻1)大空社　1991
　山口源治郎・君塚仁彦編『社会・生涯教育文献集Ⅳ』(56-60巻・別冊)日本
　　図書センター　2001

(3)　雑誌,年報,紀要等

　先端的な研究論文,あるいは今話題になっている諸問題についてのエッセイなどは雑誌等に掲載される場合がほとんどである。現在,日本語で書かれている主な博物館関連情報誌を挙げてみる。
　なお,ここでは個別博物館の紀要については触れず,博物館に係る全国組織や博物館全般についての研究会が発行しているものに限った。
　『博物館研究』(財)日本博物館協会
　『博物館學雜誌』全日本博物館学会
　『日本ミュージアム・マネージメント学会研究紀要』日本ミュージアム・マ
　　ネージメント学会
　『博物館問題研究』博物館問題研究会
　『美術館教育研究』美術館教育研究会
　『博物館史研究』博物館史研究会
　『全科協ニュース』全国科学博物館協議会

『美連協ニュース』美術館連絡協議会
『全博協会報』全国大学博物館学講座協議会
『展示学』日本展示学会
『日本植物園協会誌』(社) 日本植物園協会
『動物園水族館雑誌』(社) 日本動物園水族館協会
『季刊ミュージアム・データ』丹青研究所情報開発研究部
『文環研レポート』『カルチベイト (Cultivate)』(株) 文化環境研究所
『ミュゼ』アム・プロモーション
『DOME』日本文教出版

　また，それぞれの学問分野ごとに出されている学術雑誌にも展示批評が掲載されているので，こまめにチェックしたい。(例えば，歴史展示に関して，『歴史評論』『歴史学研究』など。)

　特定の博物館について詳しく調べたい場合，各館が年報や紀要を発行している場合が多いので，そちらも併せて参照するとよい。

(4) そ の 他

　ところで，これから博物館学を大学で学ぼうと思っている人は，5 年に 1 回調査する，

　　『全国大学博物館学講座開講実態調査報告書　第 9 回』全国大学博物館学講座協議会　2002 (2004 年 1 月現在の最新版)

が参考になる。どの大学で博物館学を学ぶことができ，またどのような実習が行われているかなどがわかる。

　また，試験で学芸員資格を目指している人にとっては，

　　大堀哲監修，水嶋英治編著『博物館学を学ぶ人のためのミュージアムスタディガイド：学習目標と学芸員試験問題』ミュゼ　2002

も参考になるだろう。

4. 英 語 文 献

　海外の研究に通じていればよいというものではないが，博物館学研究（ミュージアム・スタディーズ，museum studies）は近年欧米圏を中心に盛んになってきており，それらの動向に目を配る必要も出てこよう。
　ミュージアム・スタディーズ関連の書物，学術雑誌記事は近年多数出されているが，ここでは「どのような文献が存在するのか（ただし英語文献のみ）」を知るための手法を述べておこう。

（1） 出版情報を知る

　博物館学関連書籍を扱っている専門書店のカタログは，どのような研究が行われているのか，その動向を知る上でも便利である。イギリスのレスター大学書店（Leicester University Bookshop）のカタログ Museum Studies，アメリカ博物館協会（American Association of Museums）の書店が出している Bookstore Catalogue の 2 誌に目を通せば概ね状況はつかめる。

・レスター大学書店
　　所 在 地　University Road, Leicester, LE1 7RD, UK
　　Ｕ Ｒ Ｌ　http://www.le.ac.uk/museumstudies/bookshop/bookshop.htm
　　E‐mail　bookshop@le.ac.uk
・アメリカ博物館協会書店
　　所 在 地　1575 Eye St. NW, Suite 400, Washington DC 20005, USA
　　Ｕ Ｒ Ｌ　http://www.aam-us.org
　　E‐mail　bookstore@aam-us.org

（2） 雑 誌 等

　先端的な研究成果は学術雑誌に掲載される。では，博物館学関連ではどのような学術雑誌が出されているだろうか。
　主な雑誌（日本の大学図書館が所蔵しており，現在も継続発行している雑誌

に限る)は以下のとおりである。なお,括弧内は出版地および発行機関。

Museum International (Oxford, UK:UNESCO/なお,1993年以前の誌名は *Museum*)

Museum News (Washington DC:American Association of Museums)

Museum Management and Curatorship (Guildford, U.K.:Butterworth Scientific Ltd.)

Museum Anthropology (Flagstaff, Ariz:Council for Museum Anthropology)

Curator (New York:American Museum of Natural History)

その他,各博物館が出版している年報,紀要類も役に立つだろう。

(3) 文献目録の活用

博物館学関連の書籍,雑誌記事等に関する文献目録を利用すると,先行研究を探し出すのが容易である。

レスター大学の博物館学課程 (Department of Museum Studies, University of Leicester) の編纂による,Simon J. Knell ed., *A Bibliography of Museum Studies*, 11 th Edition (Scolar Press, 1994) は,博物館の機能によって12項目に分類された文献目録である。博物館学の領域(と考えられているもの)がわかるので,参考までに12項目を列挙しておく。

1. Museum Context
2. Collection Studies & Museum History
3. Material Culture
4. Collection Management
5. Research
6. Communication & Exhibitions
7. Museum Education
8. Museum Services – Provision&Development –
9. Professional & Institutional Context
10. Museum Management
11. Museum Buildings

12. Information Sources

一方，やや古く，また現在入手困難ではあるが，Michael Steven Shapiro ed., *The Museum : A Reference Guide*（Greenwood Press, 1990）は，館種と機能により11項目に分類された文献目録および解説である。

他にも各種の目録が出されているが，その他については前述の出版カタログを参照するとよい。いずれにせよ，これらを使えば興味あるテーマの先行研究にはどのような文献があるか効率的に調べることができる。

（4） インターネットからデータベースにアクセスする

近年の情報通信技術の発達は目覚しい。インターネットを通じて博物館等が保有しているデータベースにアクセスすることも可能になりつつある。

それらの中から，ここでスミソニアン協会の研究情報システム（Smithsonian Institution Research Information System, 略称 SIRIS）を紹介しよう。

SIRIS はスミソニアン協会傘下の全図書館で構成される「スミソニアン協会図書館群（Smithsonian Institution Libraries）」に所蔵する約150万冊の資料（15,000種の雑誌を含む）をはじめ，スミソニアン協会が保有している各種データベースに接続し，検索するシステムである。スミソニアン協会には，自然史やアメリカ歴史学等の学問分野に関する資料のみならず，博物館学の関連書も豊富に揃っている。その膨大な資料の中に，自分の興味のあるテーマでどのような文献，雑誌記事，調査報告書類が存在するか，キーワードを入力すれば知ることができる。検索システムは非常に精巧にできているが，関心のある方は，http://www.siris.si.edu/にアクセスするとよい。著者，題名，主題から検索できる。

特論 1
博物館の「公共性」を考える
：博物館とはなにか・私論

1. プロローグ：ある架空の物語

　ある架空の物語によって，博物館の社会的な存在意義を考えてみよう。
　200X年，文化都市として知られたA市が，12年前に設立し運営を続けていたA市立博物館について，市の行政改革の一環として，3年後をめどに民間団体に運営を委託することとし，運営委託先が見つからなかった場合は休館・閉鎖する道を選ぶ，と表明した。8年前の大規模な自然災害以来，復興事業のために発行された市債の返還がA市の財政を圧迫し，長期にわたる不況により税収は低迷し続けている。このままでは5年後に「財政再建団体」に転落することが確実になり，有識者で構成する評価委員会によって，市政のすべてについて，その有効性，効率性，業務成果が検討，評価された。その結果，抜本的な運営の見直しが必要とされた部門の一つに，A市立博物館が挙げられた。
　同博物館は，古代から現代にいたるA市固有の歴史遺産の発掘・整理に実績を上げ，また第二次大戦後に同市を中心に沸き上がった特徴ある美術運動の研究拠点として，海外の関係者からも高い評価を得てきた。直ちに，市の新しい施政方針に対する反対運動，その反対運動への異議申し立てが，メディア，市民を巻き込んだ議論として沸き上がった。
　その前提として，以下のようなものを設定しよう。
(1) A市と評価委員会は同博物館の実績，役割をそれなりに高く評価している。
(2) 活動の縮小，停止が検討されるA市の施設は，同博物館のみにとどまらない。文教施設の中では，他に図書館，文学館が検討の対象になってい

る。
(3) A市は，ただちに財政を建て直す総合的な方策を策定して実行しはじめなくてはいけない。
(4) A市の財政再建を果たすことを公約に立候補した市長が，市民による公正な選挙によって選ばれている。

　この課題は，博物館の問題のみにとどまらないことがわかるだろう。A市の市民，およびA市に関わるすべての人々の権益と利便を総合的に判断しなければならない。いわば，政治の問題である。(3)からは，市政のすべてが例外なく検討の対象となることが導き出される。それを支えているのが，(4)によって明確になった市民の総意である。その結果，具体的には(2)のような方針が打ち出されることになる。たとえ(1)のようなことがあっても，非常事態の前に行政改革の対象から逃れられる「聖域」は許されない。

　本論は，架空の「政治の問題」に，架空の結論を出そうとするものではない。この物語によってあぶり出される博物館への問いかけについて考えてみることで，博物館の社会的な存在意義を整理してみようというものである。

　仮にあなたが，この世界で最後の一人となっても，A市立博物館の存続を主張し続けなければならない人間であったとしよう。あなたは，たった一人になったときに，どんな主張を繰り広げられるだろうか。博物館を守ろうと言いたくても発言できない人々を代弁し，どのような言葉をあなたは選ぶだろうか。本論は，架空の物語の中に，そんなありえない形で巻き込まれたあなたへ届けるマニュアルである。

2. 慎ましく課題に向かうために

　まずはじめに，あなたがたとえ心からそう思っていても，絶対に口にしてはいけない言葉を二つ挙げておこう。
(1) そもそも博物館は，公的資金によって運営されるのが当然である。税金の投入が妥当かどうかなど，議論の余地もない自明のことである。
(2) A市立博物館は，これまで多大な実績を上げ，それを蓄積してきた。民

間委託となったならば，これまでに築き上げた蓄積は雲散霧消してしまう危険がある．

あなたが博物館の世界で生きてきた人間であるならば，おそらく上記の二つの主張は自分の気持ちと一致するだろう．しかし残念ながら，博物館の存在に疑問をもつ相手にならば，これらはまったく意味をなさない．(1)に対しては，「公的資金が投入されない私立博物館が現実に存在するではないか」とか「公的資金で運営されるべきだとするならば，経営的に適正な規模で適正な数の博物館が存続すべきではないか」という反論が直ちにでてくる．(2)には，「民間委託されると過去の蓄積が消失あるいは縮小する，とは決して限らないはずだ」とか「逆に，公立であり続けるならば過去の蓄積が維持される，という保証こそないではないか」といった反論がでてくるだろう．

私たちが生きていくために，社会に存在すべきことが自明であり，何の議論もなく公的資金が投入されるべきものは，「公共財」と呼ばれている．自然環境といった，もともと人間に不可欠なものがある．さらに現代社会が作り出し維持している公共財の代表には，警察，水道，道路，消防，救急システムなどがある．誰も街角の交番で道を尋ねて，相手の警官に対価を払うべきかどうか悩んだりはしない．日本人は使用量に比例して各戸ごとに水道料金を支払っているが，仮に払えない人間がいれば，別の形で生活上必要最低限の水道料金を払えるよう行政が配慮している．

では，博物館は公共財とみなされないのだろうか．実は，公共財と私的財の双方の側面をもつことから，博物館は「中間財」，あるいは「混合財」といわれている．私的財の側面というのは，一つの博物館資料を眺めた時に，それから享受できるものが見る人によってあまりに大きく異なるからだ．コップ一杯の水は誰にとっても一杯の水だが，展示ケースの中の縄文土器は，3000年の時間を飛び越えて知的興奮をもたらす輝く遺物でもあれば，数片の土塊を糊でつなぎ合わせただけのゴミにしか見えない場合もあるだろう．もちろん水だって，その価値は人によって異なることは確かだが，縄文土器ほどに大きな幅があるとは思えない．

では，どうしたらいいだろうか．取りかからなくてはいけないことは，博物

館の公共財としての側面を強調すること，あるいは，できるだけ博物館が公共財に近い中間財であることを強調することである。

3. 博物館の公共性の論理

多少の異論があろうとも，わずかな100年程度の短い歴史しかないにしても，少なくない数の日本の博物館が税金で運営されてきた。これまで，博物館へ国民からの税金が投入される理由は，文化経済学や公共財政学の分野では，通常，下記のように説明されてきた。

① 市場の失敗　　② 正の外部性　　③ 必要な初期投資の大きさ
④ 再分配の必要性　　⑤ 内在的な公共性

これらを順に見ていこう。

(1) 市場の失敗

「市場の失敗」とは，市場原理や競争原理に完全に委ねてしまえば，後戻りのできない取り返しのつかない事態を招いてしまう危険性をいう。典型的な例は環境破壊である。私たちの日常生活を豊かにするためのフロンガスの発明・利用が，地球オゾン層の異状を発生させ，人体の健康を損なう深刻な事態まで引き起こしてしまった。あらゆる市場で見えざる神の手が働き，しかるべき方向に健全に進むとは，もはや誰も信じてはいない。これは博物館でいえば，たくさんの来館者を得る展示ばかりをめざしていけば，本来，後の世代に残すべき資料まで，市場原理によって淘汰されてしまうことを意味する。いったん淘汰された資料群は，復元や再収集はほぼ不可能だ。来園者に喜ばれるからといって，すべての動物園がパンダとラッコばかりになってはいけない。18世紀に博物学者がコツコツと集めた植物の種子が，次世紀に莫大な富と便利な生活をもたらしたこともあった。社会から運営を委託された専門家集団によって，場合によってはその時代の誰もが喜ばない資料を綿々と収集，研究することが行われなければ，次世代以降の豊かな人間生活が保障されないことを，私たちは経験的に学んできた。市場原理に委ねられない部分は，公的資金で支えなければ

ならない。

(2) 正の外部性

「正の外部性」とは，博物館が実際に来館し展示を見た人間のみに対してだけではなく，その外部に対しても，社会的な便益を担っていることをいう。レストランでは，実際に料理を口にした人間だけが提供された便益を享受する。いわば正の内部性だ。おいしいレストランがたくさんできたからといって，社会が発展したとはいえない。博物館の正の外部性の代表的なものは，博物館が文化的アイデンティティの確立に大きな役割を担っていることである。例えば，日本美術の通史的な展示を通して，日本人の造形体験と鑑賞体験の整理された蓄積とにより，来館者は日本人の美意識を確認することができる。その作品制作に関わっていないとしても，そこに共通する感覚を見いだすことが可能だろう。文化的アイデンティティは次の創作活動を活性化させ，ひいては社会の多様な豊かさをもたらしている。こうした文化的アイデンティティの創出に博物館は大きな役割を果たしている。

(3) 必要な初期投資の大きさ

博物館来館者が一人増えるために生じるコストは，誇張すれば，入場券1枚の製作費でしかないといえる。それに比べれば，最初の来館者を迎える前に必要となるイニシャルコストは大きく，また，施設維持費や収集した資料を保存するための費用も膨大である。来館者を増やすため，あるいは増えた来館者数に応じて発生する費用と，来館者数に関わりなく必要となる費用を比較してみよう。博物館では，後者の方が圧倒的に大きい。このことは，博物館活動がもともと経済的な利潤を上げるのに向いていないことを意味する。言い換えれば，利潤を上げられるように博物館を「改良」していこうとすると，ある段階で，それは博物館とは言い難いものに歪められてしまうことになる。

(4) 再分配の必要性

「再分配の必要性」とは，博物館資料を，よりよく理解したり鑑賞したりす

る機会を提供するには，分散させるよりはある程度までは集中させるほうが効率性が高いことを意味する。もちろんどこまで集中させ，どのように分散させるかは議論の対象になるが，少なくとも博物館を利用しないよりは，建設して活用したほうがはるかに有効だ。より多くの人々にサルの生態を紹介するために，一匹ずつを公立小学校の校庭の一角で飼育させるよりも，サルに群を形成させ動物園でより本来の環境に近い形で育成し観察させるほうが，「サルとはどんな動物であるか」を広く紹介するのに役立つはずだ。

同時に再分配とは，資料の，平等な享受を促すことも意味する。元来，博物館資料となるものは，社会の中で偏在している。高額な美術作品を私有できる人間はごく一部である。そうした文化資本をいったん博物館に収集させれば，社会で広く平等に共有することにつながる。

(5) 内在的な公共性

博物館の公共性は，誰にでも開かれている「非排除性」，誰にでも等質のサービスを提供する「非競合性」，求められればその活動の内容と目的を説明する「アカウンタビリティ」，活動によって生じる利潤を出資者に還元しない「非営利性」によって支えられている。博物館というしくみが発明されたときに，これらの性格はほぼ内在的に備えていたといってよい。

非排除性，非競合性は博物館の世界では聞き慣れない言葉かもしれない。公共財である上水道の場合にたとえれば，どの家にも水道が引かれ利用可能なように配慮されるのが非排除性，どの蛇口をひねっても等質の水が供給されるのが非競合性ということになる。博物館であれば，入館料を支払われれば誰もが利用できるのが非排除性，来館者の誰にでも同じ展示，同じサービスを提供するのが非競合性といっていい。

博物館の公共性を支える五つの要素を述べてきた。これらによって博物館は，公的に支援される必要があること，あるいは公的に支援され続けなければ，その在り方が歪んでしまう，ということが説明されてきたのである。

4.「公共性」への異議申し立て

　しかし，博物館への公的支援の根拠となる公共性に対し，さまざまな異議申し立てが突きつけられてきている。

　例えば，1960年代に美術館界に投げつけられた，フランスの社会学者ピエール・ブルデューによる厳しい指弾は，美術館に働くものの意識を切り裂いたといってよい。すなわち，美術館が示しているはずの公共性はまやかしの平等であり，美術館の存在こそが，20世紀の資本主義社会がもつ，公正さの衣をかぶった欺瞞の象徴であり，社会階層の固定化の一翼を担っていると断じた。ブルデューらは綿密な統計調査により美術館来館者を調査し，その多くが高学歴，高所得であることを明らかにした。同時に，卵と鶏の関係のように，高学歴・高所得者層が美術愛好者を生みつつ，「美術を愛好すること」がまた高学歴・高所得者層を固定化するとみなした。彼らは美術館についてのみの調査であったが，広く博物館全体と読み替えても大過はない。

　その調査結果は，十分に綿密な客観性をもって行われたものであるゆえに，敬意を払われて尊重されている。1960年代の調査結果が現在も有意なものか，あるいはフランスでの調査をそのまま日本に適用できるか，については確かに疑問がないでもない。しかし，彼らの主張に反駁しうる調査がいまだなされていない。

　ブルデューらの恐ろしい指摘は，博物館がより広くの利用者へのサービスを拡充するために行う活動が，実は限られた一部の博物館ファンのみをより歓待するための活動にしかなっていない，ということを意味している。博物館で教育普及活動に携わる人間は，その業務の中で日常的にこのことを体感することになる。展示されている博物館資料の価値を掴みきれず，博物館からの疎外感を抱きながら去っていく来館者を数多く見送っている。博物館自身が，その恩恵を受けられる人間を峻別し，その人間のみに対して門戸を開けている。そしてその峻別をより強固になるよう機能している。そうした批判に博物館がどう答えるかが求められてきた。

5. 開かれた博物館へ

　こうした博物館への批判に対し，博物館は，実はすでに地道な反駁(はんばく)を続けてきた。利用者を真の意味で峻別しない博物館，とはどのような存在であるべきかについて，博物館は，研究論文ではなく，実際にそういう存在に変質することで回答を示そうと努力してきた。その成果が上がっているかどうかはもう少し見きわめる時間が必要かもしれないし，あるいはより大きな枠組みで人間の文化活動を見わたす視点が求められるかも知れない。しかし，着実にいくつかの試みが行われていることをここで確認しておこう。

　「開かれた博物館」という理念がある。耳に心地よいだけの言葉ではないかと軽蔑している人も少なくない。空疎な言葉遊びに過ぎないという人間に対し，開かれた博物館の条件を以下に示しておこう。

　(1)　可塑的な組織体であること。
　(2)　市民の参画が，複数のアクセスによって保証されていること。
　(3)　新たな価値生成の場となること。

（1）　可塑的な組織体であること

　一般的に日本の国公立博物館は，次のようにして開館する。

　国や自治体は，ある時，博物館を設置することを，多数決によって議決する機関によって決定する。それを受けた行政機関が，外部の「識者」で構成する諮問機関を設置する。行政機関がその時のさまざまな条件に沿った博物館プランの枠組みを諮問機関に提示する。諮問機関がそのプランを検討し，たいてい変形したり膨らませたりする。それを行政機関が形を整え，議決機関の承認を得て次のステップに進めていく。こうして，議決機関，行政機関，諮問機関の間を行き交う雪玉は，化粧直しされたり，ときには削られながら，次第次第に大きくなっていく。最終的に雪だるまとなった博物館は，しかるべき場所に最後の装飾を施されて設置される。

　これまでたびたび批判されてきたのは，でき上がった雪だるまはその後，一

切，手直しされないことだった。館職員数が開館時にもっとも多かった，という博物館も少なくない。作り上げたときの興奮がまだ冷めやらない頃の雪だるまは，多くの人間を惹きつけ，その製作に参加しなかった通行人の歩みを止めたりもする。しかし，やがて飽きられた雪だるまの周りにはだれも寄りつかなくなり，春が近づくと次第にその姿はおぼろげになっていく。

　こうした硬直した組織の対極にあるのが，可塑的な組織である。いったんサービスを開始したからといってそこにとどまることなく，改善・革新を繰り返す組織こそが求められている。雪だるまは粗雑な比喩だが，常に新たな魅力を博物館に付与し続けることが多様な方法で保証されていることが，「開かれた博物館」には必要である。

（2）　市民の参画

　博物館が可塑的であるとするならば，いったい誰によって博物館の形が変えられるべきだろうか。専門家集団と非専門家との共同作業によって達成されるべきだろう。もちろん，その共同作業とはさまざまな形態があり得る。近年，盛んになった博物館ボランティアは，博物館が市民に自己実現を図る場を提供する側面ばかりが強調されてきたように思えるのだが，可塑的な博物館の改善に参画する市民のひとつのアクセス方法としてもとらえるべきだろう。市民にとって，博物館はすでにそこに存在していた所与の施設としてではなく，自らが生成の場に立ち会っている，常に更新する施設として生き続けなければならない。

（3）　新たな価値生成の場となること

　博物館では，不断に新しい価値が生成されなければならない。固定化した価値を提示しているだけではなく，専門家にとっても，一般来館者にとっても，展示物等をとおして新しい価値を生み出す現場となるように図っている。もちろんいつもドラスティックな発見や創造が行われるわけではない。多くは，個人の内奥でささやかに沸き起こる営みに過ぎないだろう。しかし，新しい価値生成の場を確実に保証しておくことが，博物館の意義であり，それが社会の創

造力を高めることにつながっている。

　こうした条件を整えることで，開かれた博物館が達成され，維持されていくことになる。これらを十全に備えた博物館はなかなか存在しえないのだが，そうした博物館となるようにめざすことそのものが，「博物館批判」者たちへの大きな反論になり得るのではないかと考えられている。

6. エピローグ

　これであなたは，最後まで，Ａ市立博物館の存続を訴え続けることができるだろうか。あなたが，ほっと胸をなで下ろしたか，あるいは不安に駆られたままなのかは筆者にはわからない。あなたをもっと勇気づけるマニュアルが今後作られるのを心から願っているが，それは筆者こそを力づけるものになるはずである。

　博物館とはなにか，という定義を本書でも何通りか紹介している。ICOMや博物館法が定めた定義に対し，筆者に異論があるはずもないのだが，実は問われた時にはこう答えることにしている。博物館とは，「人間が手にし得る物的蓄積とそれに関わる情報の蓄積を，秩序だてて整理しながら示し，可能な限り多くの人に対して，"人間とはなにか""人間の生を支えている環境とはなにか"，をその人なりに読み解くことのできるようにした"装置"」である。

　人間は，博物館を知ってしまった。博物館を知ってしまったからには，人間は博物館なしでは生きていけない。なぜなら，いまや，人間が自分自身を知るためのもっとも優れた装置のひとつが博物館だからである。

特論 2
21世紀博物館界を読む

　わが国博物館界の多様性は非常に高い。制度がらみもあるのであろうが，経営母体・設立経緯の幅が実に広いのである。一度開設されると当分は基本的な改善すら難しいという変わり身の悪さ事情を伴っているので，それら博物館の長期にわたる全体傾向を把握したり評したりすることは容易でない。まして将来の予測にいたっては試みることすら愚，という感もする。しかし，博物館建設ラッシュ，水族館フィーバーという予想もされなかった一般社会での急激な博物館エンジョイ志向の台頭と，それを追い風にしたかのような，文部省の生涯学習施策の一環に位置づけられた博物館への支援体制強化という，いわばわが国での未曾有の"流れ"を感じる中で，21世紀博物館界を読むことを試みてみよう。

1. 2000年代初頭は一大転換期に

(1) 輸入文化的性格からの脱皮

　わが国の博物館成立の歴史とその後の第二次世界大戦までの斯界の展開に明白なとおり，日本では独立に博物学―博物館の発達を支える力はなく，先進国に追いつけ追い越せの姿勢を維持するのが精いっぱいであった。多彩な"お雇い外国人学者"の強力な先導のもとに，近代文化の吸収・消化に邁進し，学問の世界でさえ，"留学""外遊"という言葉にその実力向上の外国頼みの姿勢を隠せなかった。

　戦後，博物館界には一時的に厳しい忍耐・復興の時代があったものの，文化的バリアが低くなった世界との市民の往来事情が，秘やかな博物館・美術館等

の"伸び"の基礎をつくりあげていったように見える。敗戦の心の痛手を文化的事項に気持ちを向けることで癒される効果ももちろんあったに相違ない。数えきれぬ"愛好グループ"や"友の会""趣味の会"レベルの自由な活動が積み重ねられていったことを見逃してはなるまい。図鑑文化の著しい展開もその線上にあるとしてよかろう。その間に，わがものとしての"文化"のとらえ方・見方がゆっくりと成長していった。

（2） ニューツールズがテストされる時代

人の心には，初物を見たがり，新しい物に気を取られる傾向があり，博物館界を支える大きな底力となっている。戦後まもなく，わが国の縄文早期文化が1万年レベルの古さをもつことが炭素—14年代測定法によって次々と実証されていったとき，日本人の"古さ"にこだわる心と，どこまで古代がわかるのかという大きな興味が，その後の考古学・発掘ブームのトリガーとなったことはいうまでもない。

野尻湖発掘での大成功がこれに火を注ぎ，岩宿旧石器の発見が「より古い物探し」を促進し，それらは日本原産ヒスイ勾玉の検証，そして今日の三内丸山大規模集落文化論議にまでつながっている。考古学と地質・鉱物学との間のバリアはもうそこには見あたらず，アムッド洞でのネアンデルタール発掘研究では，放射性年代測定というニューツールのおもしろさを世に示せた。

地質・考古の面だけに例をとってみても，上述のような流れは，すべてが博物館の主題となるものであり，施設や既存展示，運営コンセプトを除いて，もう輸入文化という影を探すきっかけすらつかめなくなったといってよい。歴史の発掘，文物の公開，世界遺産への登録，と状況は前向き傾向が続いた。研究ツールとしてのX—線手法，微量元素分析，計測法改良，保存科学技術の学際的進展，そして電子機器の急速な発達・普及等が重なって，未曾有の博物館資料の学術的取り扱いが爆発的に展開されはじめ，多くの報告書・出版物となって市民に還元されていった。

ディスプレイ技術も，超大型映像，高精細画像，ゲーム化等映像世界の急速な発達はまず各種博覧会で花を咲かせ，次第に博物館・園に浸透していった。

経費的な面もあってエンターテインメント業界の勢いが必ずしも博物館界に直接及ぶものでないことは，今日にいおいてもなお CG，とりわけ 3 DCG のアプリケーションにおいて見られるとおり明白である。しかし，資料整理，公開の面ではコンピュータ・ネットワーク手法の博物館界への寄与は大きい。『地学雑誌第961号』(1998) の「自然系博物館を考える」"特集号"諸論文においてもその状況はよく表されている。

しかしながら，本当の意味での実物主義と虚像利用でのバーチャル・リアリティ利用との関係についての議論は未熟で，ハードと便利さ優先の傾向が先行していることは間違いない。当然両者のバランスよい併用が正解であろうが，目下のところ，多くのニューツールズと博物館界へのそのアプリケーションに関しては，医療界での両者の関係ほどの上手なかみ合いは成立しておらず，広い意味でのテスト期にあり，21世紀での進捗に期待しなければなるまい。

2. 次世代型博物館園への志向と試行

(1) 官制博物館園の役割

文部科学省の筆頭局に生涯学習局が立ち上がり，学校が一般社会事情と歩調を合わせた週5日制に踏み切る2000年代初頭から，いよいよ本格的にわが国の生涯学習社会時代がはじまった。その高等部門は，平成10(1998)年からの放送大学の全国化によって基礎が固められたが，それ以外の一般社会人にとってのよりフリーな学習，そして"知的好奇心"の正しい効果的な使い方としての博物館・園のあり方に関しては，教育制度と大きく異なって統一性が当初からない"多様性"の世界の問題であるだけに，まだその方向性は十分には見えていない。

文部省が平成9(1997)年から全国化に先駆けて試行している「科学系博物館ネットワーク推進事業」はその先頭をきるものと解されるが，各博物館の実力（人員，組織力，地域との交流の深さ等）の差や，中軸となる世話役の「推進協議会」の望ましいあり方等に検討の余地があろう。大学研究資料館の"博物

館"化がようやく実を結びつつあるが，大学教育と一般博物館との関係も，国立の博物館・園と地域との関連についても，まだ制度的・慣習的な枠から抜け出るには機が熟していないと受け止めざるを得ない。国立民族学博物館等の最近の活動には見るべきものもあるが，全国的ネットワーク化という点ではまだ途が開けてはいない。

行政改革の波が国公立博物館にいつ頃どこまで及ぶかは，日本経済の立ち直り期と密接に関連するに違いない。例えば，通産省工業技術院地質調査所が法人化すれば，「地質標本館」も自動的に性格が変わる。これまで，実質的に他の国立博物館，公立博物館，地方の民間博物館とのつながりがあまり深くなかったから，保持する内容の濃さ，貴重さを今後いかに活用するか重いテストケースになるかもしれない。しかし，類似のことがらは，それほどの時間差を持つことなく，各県立博物館等へも波及するであろうから，望むと望むまいとに関わらず，幅広い連携プレイで生残れる実質的博物館ネットワークの構築と，社会一般からの深い認識と理解とを得ておくことが大切な鍵となろう。

(2) ユニバーサル化発想が原点に

本当の生涯学習のメディア役として博物館・園がそのつとめを果たすとなれば，それは限りなく"サービス精神"と"サービス機能"との充実にかかってくることは間違いない。ここでいう博物館・園のサービスとは，研究・収集・展示・学習支援・地域への貢献等のすべてのアクティビティを指す。また，障害者対応とか学校等への教材提供，アウトリーチ活動，電子情報利用の在宅サービス等々万全を期すべきことも含まれよう。バリアフリーという考え方はおそらくユニバーサル化の構想に吸収されるものとなるであろう。

博物館での生涯学習は，本来どこにも法的・制度的な規制や方式を有していないという特色がある。理念的には博物館類が学習の場の一つと考えられてきたのであるが，昭和63(1988)年に生涯学習局が設置されてからも，博物館の所管方式は旧来と変わりがなく，平成5(1993)年の教育白書にさえ，「生涯学習の振興」の章立ての中に何の役割論議もなく，統計資料の中に入館者数が示される程度だったのである。

以来,「博物館はいかにあるべきか」という今さら何をと不思議がられる論議が,国民的規模では何らなされてきていない。博物館側の自主的な方針で,週5日制対応の学習支援といったプロジェクトが進行しているのが一つの救いではある。しかし,本格的に生涯学習局と博物館とが連動しはじめてから事情は急テンポで変わってきている。これまでの文部省・文化庁としては旧来の博物館を文化の保全・普及とか学術成果の開陳といった機能面・分野面でしかとらえていない"タテ割り型"支援策によっていたから,それが総合施策としてモデル博物館的位置づけやエコミュージアムをはじめ,バリアフリー方策の積極的推進策などにも重点を置くようになったのは,実に大きな進展といえる。

　ハンズ・オンという表現の博物館活動はわが国ではまだ未消化であり,有効なものという定評を得る直前の段階にあると思われるが,向こう10年の間には,さまざまな手法による五官・体感での体験を一括りにした博物館でのユニバーサル発想具現化の方策,ポリシーの基盤として定着し,学校教育とは異なったスタンスで物と接する非制度的学習法のメインとなるのであろうことが期待される。

3. 地域文化高揚とグローバル思考との共存へ

(1) 学芸員の立場と博物館マネジメント

　旧来の制度では,国立の大学や博物館・園に地域色を発揮させることがなかなかできないのと呼応するように,かつては地方博物館でのグローバル発想による研究・展示には困難な点が多かった。しかし,今日では人の交流,資料の入手,情報の取得等多くの面でそれが可能となってきているという現実が生まれている。したがって,地域の文化・自然をとりあげながら,世界事情のイントロ型紹介ではなく,実質的な研究・展示も可能な実力をもつ館・園が増えてきているのは喜ばしい。この傾向は,社会事情の反映であるから,不可逆進行現象として今後ますますその度合いを強めることになるのは疑いない。

　地域性の発揮に最も役立つのは,その地域特有の事象や存在物・歴史を扱う

ものであることは論を待たないが，その十分な消化には何よりも有能なマンパワーとかなりの資金的裏付けが不可欠であろう。現行の制度では学芸員の置き方にかつてより自由度が増し，大学での学芸員資格取得者数も増加しているので，ある程度の対応は期待できよう。しかしながら，大学研究者，大学教育者，一般教育者等ともひと味異なる学芸員の，研究者としての位置づけには何の保障もないといってよい。文部省科学研究費の現行申請資格上の不利等を考えれば一目瞭然である。学芸員採用に当たって博士号取得を条件にするなら，当然それに見合った処遇が必要である。

　学芸員が地域に貢献しようとしても，それが所属専門学界での業績としての評価が高くなかったり，逆に原理的な事柄は地域性に馴染まないとして館側のメリットにつながらないなど，矛盾が多い。学芸員の昇格問題，館長役とその専門性の有無や起用・配置についてはもっと厳しい現実を抱えているのが現在の博物館界の実態であろう。今の学芸員制度では，博物館のマネジメントに関心をもつゆとりも動機もほとんどもちえないから，人事的には"硬直した"扱いに終わってしまうことになる。21世紀を迎え，日本の博物館存立とその活動内容が，真に国際競争力をもつ高い文化レベルのものになるためには，何らかの時期に内部制度の抜本的な改善や学芸員自身の意識変革が不可欠であることは論じるまでもない。

　地域博物館の活動には，当然生涯学習支援者としての現場対応が含まれるから，上記のような研究活動や身分保障との兼ね合いで，どのような役割を課すことができるかという重大な二律背反的マネジメント問題にも，今のところまったく改善・解決の方向性を見いだせない。行政指導型で制度的改変にもっていくのも一方策であろうし，研修制度の活用で分業的な専門性強調を推し進めるか，あるいは研究・学習指導を分割する方向で考えるのか，それぞれのメリット・デメリットを深く検討するのが急務であろう。

（2）　生活文化の再認識と博物館

　ヒトの生活の歴史は，失敗の繰り返しの中から経験的にブラシアップされてきた，いわば日常の知恵の集積であり，学術的な研究の積み重ねによる学問体

系の成立過程とよく似通っている。それどころか，理屈抜きで得られた結果や方策も多いから，その解釈には現代科学をもってしても未だにわからないこともままある。沿岸漁業における魚付林の例はまさにそれである。

近代高度文明の進展で機械化や人為のインパクトが増大する中，"効率"という錦の御旗のもとに軽んじられてきた伝統的産業技術や自然界との付き合い方などは急速に姿を消し，伝承もドキュメントもないままに見捨てられていくものも多い。博物館の役割の一つは，こうした"正しいけれども忘れられつつある"日常文化や生活文化の再確認・保全ないしはその見直しにあるのではないだろうか？

近年の地球環境問題に対応するなかで，昔からのヒトの知恵がいかに順当であり「本当の持続可能な地球自然との共存」の基盤をなす，という評価が高まりつつあることを見逃すべきではない。ジーンバンクやバイオテクノロジーによる生物多様性保全の必要も確かではあるが，自然状態での保全地区設定の方がはるかに強大な実力を発揮できるという見解が支配的になってきつつある。行政や大学では関心の薄いテーマが多い生活文化の見直し事業は，まさにこれからの地球時代での博物館の責務であるといっても過言ではない。もっとも，研究には根気のいる地味で時間のかかる資料集めや現地調査が不可欠であるから，その基金をどう調達できるかも，差しあたっての博物館マネジメントの大きな課題となる。

博物館活動と運用資金との関連は，わが国における21世紀での最大の実務課題となる可能性が高い。政府・自治体からの援助，企業のメセナ事業などに期待するとしても，旧来の博物館に対する社会評価は，大学や企業体とは異なって社会への見返りがない"無駄な"存在とする厳しい一部評価さえある今日，その"ムード"や理由のない社会的地位の低さを矯正するだけでも容易でない。考えられるもっとも確実な改善は，国民一般の意識の向上という時間のかかる方法とその過程にしか期待できないかもしれない。が，どこかでいつかは博物館界側から積極的に社会に働きかけ，自らの有用性を強くアピールする必要があろう。

4. 楽修による地球環境認識の涵養と
　　　無理のない国土意識の獲得

(1) 高度情報化社会での博物館の役割

　世の中は急テンポで高度な情報化社会の様相を呈してきた。様相と表現したのには重い理由がある。普通，一般生活の中で高度情報化が語られるときには，大量情報の高速処理，リアルタイム交信，メディアリテラシーとコピーライトフリー，リモートコミュニケーション等の特性がもたらすプラスのエレメントだけが浮上してくるのが常である。ところが，情報化のマイナス面としての，プライバシーの侵害，情報価値判断の任意性と低い信頼性，社会悪の面での使用問題，情報には操作性が働きやすいこと，高度に定義された"与えられる情報"を鵜呑みして自らの情報選択力に欠けるようになること，コンピュータや機器が働いただけなのに自らの知力が結果を作り出したと誤解することなど，"教育"や正しい情報伝達と反する重大なことがらはほとんど問題にされないという深刻な事態が野放し状態となっている。

　博物館から発信される情報が，皮相的な現代感覚やオペレートする側とアクセスする側とが対面しない気易さ，スピード感等の理由から，過度にバーチャル化やコンピュータライズされた場合，ことの善悪どころか自らの評価ができない年齢や立場の人々に対して，真の情報伝達からの乖離が著しくなるという危惧の念については，もっと真剣に議論され，その防止策を一刻も早く確立しなければなるまい。

　自然史の世界でいえば，実物に接してその観察や扱いから五官を通して体験的に得られる感動や驚き，あるいはそこから原動力が生まれる直感的な情報抽出力・選択力の涵養など，ヒトの情報処理にとってもっとも根本的で大事な力を付ける行為や支援策こそが，博物館・園においてはじめて求め得るものである，とする認識をもっと大切にしなければなるまい。これは，年限をもつ制度教育の中で情報過多を危ぶむあまり，内容を精選したりもっとも原理的な基盤

知識を省略したりしたこれまでの経緯を補うものでもある。

　低年齢層の子どもに，学術の世界にあって永年の検討と蓄積から生まれてきた"高級な""エッセンス"知識や思考法のみを，「ソリッドな情報」として与えるのは，まさに棒暗記に等しい。学問の発端には感動や直感・疑問の大きな役割があることを思っても，偏に教育効率を目指すオリエンテイテッド型の知の授与にはうなずけない。あらゆる制度から解放されている生涯学習過程にこそその"学習理念"と学習効果とが期待できるのであり，その意味でメディアとしての博物館では，高度情報化方策のみの偏重であってはならない。

　子どもたちを代表とする"純真無垢"なレベルの頭脳や眼にとっては，"本物"からストレートに受ける感動がまず先行するのが，発達心理学的にも正当性がある。楽しい，のめり込むといった要素も同様に大切であろう。旧来型，輸入文化型博物館には，どうしても大人レベルや専門家・研究者レベルを意識した，しかも「見せてあげる」の感覚が支配的であったから，普通の子どもたちにはついていけない要素が多すぎた。いくら解説で理解してもらおうとしても，入口で拒否反応を示す。制度教育下での科目としての理科嫌いとそれに引きずられた科学離れという風評も，まさにこの辺りの配慮の欠落が生んだ，現代教育手段の隙間風の結果であると見てよかろう。

　博物館の生涯学習時代での役割分担として新しく開発されねばならないのは，頭の固まった成人や受験・進学で視野狭窄症になった学齢期の者でなく，自然体で吸収ポテンシャルが大きい子どもたちの無限の可能性にいかに正しくアプローチするかという点である。適切で健全なエデュテインメント（楽修）発想の普及がキーとなろう。この『楽修（博物）館』のあり方は，ただ単なる手法の問題ではなく，21世紀には旧来の娯楽施設に肩を並べ，対極的な専門博物館での成年生涯学習"専用"性確保とともに，新たな博物館カテゴリーとして自立する時代が来るに違いない。

　地球環境問題については，大人の"対症療法模索"発想を超えて，美しい地球自然バランスのあり方を感動とともに体感的に楽しく理解した子どもたちが育ってきて，初めてその根本に迫ることが可能になるのではなかろうか？　それには，年配者の世代にとっても，エデュテインメント性を遠慮なく盛り込ん

だ博物館生涯学習への実践・参加の姿勢を持つことが効果的であることは論をまたない。

（２）　国土意識の正しい体得

　戦争という異常事態に育ち，教育を受けた者は，その内容のむなしさを今深く感じている。国土観とか国民意識を，戦争への理由づけに教育制度化，つまり情報化したからである。自然を愛し，人を愛し，家族を，隣人を愛する心をもっているはずの人間が，黙っていれば自分が殺されるから，先に相手を殺す，という論理の後方へと追いやられてしまっていたのである。情報はそれゆえに恐ろしい"武器・戦略"価値を持つものであることは，現今でも何ら変わりないであろう。

　国土の保全は，昨今では地球環境問題の一局面として，学校教育の「生活」や「環境」「倫理」の中である程度"べき論"の形で伝わるであろう。しかし，本当の住民として，生活者として，地球人としての国土や海，環境への理解はそのようなプロセスだけからは育ってきにくい。なぜ，この土地が，この川が，この干潟が大切で何故に守られねばならないのか，この森林は伐採し利用してよいのか悪いのか，このゴミはどうしたらよいのか……等々の判断は，当局の方針や指示で決定されたものが是，という性格のものでは決してない。皆で最も適切な本質的解答を，ヒト側からの論理や倫理，都合でなく，地球自然側からの視点でより丁寧に吟味する場とプロセスをもつことが是非とも必要である。地域にサービスする博物館から，ほとんどこれらの課題についての情報発信ができていない日本の現状は，不可解としか思えない。これを制度的制約というなら，"情報問題"の戦時での扱いと大同小異ということにもなろう。

　自然はナチュラルな存在と過程の複合・複雑体であるから，ブラックボックスは多くとも，そこには嘘はない。わかりにくく，見えない部分は多かろう。しかし，ヒトが恣意的な説明を加えることによって，間違った見方を伝えていることも少なくない。自然光で見た蝶の美しさを生態学的に説明しても，紫外領域で認識し行動している"本人"にとっては笑止千万，ということなどもあろう。

現在の博物館には，「……すべし」という明確で具体的な目的を達成するための強い要請は何もない。博物館法はそれほどに自由度を広く残した"良法"であるという評価もできよう。一般的な知識の向上，普及に寄与することのレベルの緩やかな目的設定だからである。それであるからこそ，これからの生涯学習のメディア役を果たすに十分なキャパシティや資格があるともいえる。学習レベルには何の制約もなく，唯一，その人，そのグループに理解されたり満足してもらえる，という条件がある。

このような自然の理解へのアプローチは，地球環境の構成単位の一角としての"わが国土"や"郷土"の正しい認識にまったく共通する。生の尊さ，死の尊厳，性発現のメカニズムにおけるミラクル等の理解についても同様である。"自然体"という表現は，「学習」の基本姿勢を言い得て妙である。このような学習への基盤認識や体制が博物館運営のコンセプトとして定着し普及するなら，地球環境問題への正しい取り組み姿勢をもつまともな人間がぐっと増えてくることは間違いない。

郷土愛とか国土を愛する，というキャンペーンがグローバルスケールでの位置づけのもとに足許認識につながるには，地域博物館でのグローバル視点をもつリーダーシップのあり方が大きく問われることにもなろう。博物館での人材の養成や確保に当たって，こうした生涯学習～楽修の考え方がどのように組み込まれていくか，情報化に伴うハード導入とのバランスの取れたソフトウェア確保の重要性を指摘しておかねばなるまい。これからのボーダレス時代には，自然系・人文系といった学問分野のタテ割り制を引きずった生涯学習では通用しない事態がもっと強まることは明らかである。ヒトの能力には，人文系能力と理科系・自然系能力との間に連続スペクトルのようなゆるやかな幅があるととらえるのが正当であろう。

人類の智ならではのアート，美の認識の世界が，すべての博物館の運営要素にカウントされる時代の到来はそう遠くはあるまい。もちろん，そのどれかに特化した専門博物館は存在し続けるであろうが，一般博物館の活動にあっても，もっとナチュラルな"両極"成分の融合や混用が導入されるべきであろう。例えば，風景写真が地球景観としてとらえられる扱いは十分に可能であり，地球

のつくりや歴史の理解にもつながる。もちろん，写真作家の意識変容が先行しなければなるまい。山や海・河だけでなく，生物や鉱物を撮しても同様のことが考えられる。標本としての写真の撮り方，アートとしてのモチーフとなる自然の見方だけで発展した美術写真界は，かなりスムーズに自然史博物館と密接し，フレッシュでユニークな地球自然システムへの感動と理解への道を拓くことになる。

　なお，本論に含めて論じる余裕はなかったが，21世紀には，学芸職員を中心に女性博物館人が数多く登場することが大いに期待される。

参 考 文 献

概説的な文献については第9章を参照のこと。ここでは,第9章で記載できなかった文献でかつ読者に必要と思われるものについて掲載した。

鈴木眞理編集代表「シリーズ生涯学習社会における社会教育」(全7巻) 学文社 2003
網干善教編『博物館学概説』関西大学出版部 1998
大堀哲編著『博物館学教程』東京堂出版 1997
石附実『教育博物館と明治の子ども』〈異文化接触と日本の教育(1)〉福村出版 1986
糸魚川淳二『日本の自然史博物館』東京大学出版会 1993
大島清次『美術館とは何か』青英舎 1995
椎名仙卓『日本博物館発達史』雄山閣出版 1988
椎名仙卓『図解 博物館史〈改訂増補〉』雄山閣出版 2000
椎名仙卓『大正博物館秘話』論創社 2002
西野嘉章『二十一世紀博物館：博物資源立国へ地平を拓く』東京大学出版会 2000
日本博物館協会『イコム大会報告書(第17回ノルウェースタバンガー大会)』1996
日本博物館協会編集・発行『博物館関係法令集』1999
クシシトフ・ポミアン,吉田城・吉田典子訳『コレクション：趣味と好奇心の歴史人類学』平凡社 1992
文部科学省『平成14年度社会教育調査報告書』2004（3年毎に調査実施）
Bennett, T., *The Birth of the Museum : History, Theory, Politics*, London：Routledge, 1995.
Caygill, M., *The Story of the British Museum* (2nd ed.), London：British Museum Press, 1992.
Einreinhofer, N., *The American Art Museum：Elilism and Democracy*, London：Leicester University Press, 1997.
McClellan, A., *Inventing the Rouvre：Art, Politics and the Origins of the Modern Museum in Eighteenth-Century Paris*, Cambridge：Cambridge University Press, 1994.
Routledge, *The History of Museums* (8 Volume), London：Routledge, 1996.
Wittlin, A., *The Museum：Its History and its Tasks in Education*, London：Routledge & Kegan Paul Ltd., 1949.

さくいん

▶あ行

アウトリーチ活動　17
アカデミー　26
アシュモレアン博物館　25
アミュージアム　101
ICOM（イコム）　2, 31, 63
伊藤寿朗　13, 99, 145
移動博物館　105
インタープリター　76
ヴァーチャルミュージアム　133
ウフィツィ美術館　23
エコミュージアム　15, 119
エデュケーター　76

▶か行

解説員（ドーセント）　33
学芸員のネットワーク　108
学社融合　149
学社連携　149
学童疎開誌編纂　112
学校教育　142
環境問題　116
企業博物館　14
キャビネット　24
キャプション　75
ギャラリー・トーク　75
教育基本法　40
行政区画　101
共同開催の特別展　131
共同活動者　131
共同調査　107
共同展示　110
京都国立博物館　36
偶発的学習　141

燻蒸　73
現代資料　114
公立博物館の設置運営基準　60
公立博物館の設置及び運営上の望ましい基準　61, 126, 128
国際博物館会議　2, 31, 63
国際博物館事務局（IMO）　31
国立科学博物館　36
国立博物館の独立行政法人化　46, 89, 136
古美術館（アルテス・ムゼウム）　27

▶さ行

サウスケンジントン博物館　32
サロン　26
参加型博物館　101
自然系博物館　13
市民参加　100
社会教育　142
社会教育施設　99, 144
社会教育法　40
ジャルダン・デ・プラント　24
出品者　130
生涯学習　139
　解放のための――　147
　創造のための――　147
　適応のための――　147
生涯学習社会　140
生涯教育　139
資料の収集　6
資料の調査研究　8
資料の展示・教育　9
資料の保存運動　105
人文系博物館　13

ステュディオーロ　23
スミソニアン協会　31
1845年イギリス博物館法　29
総合博物館　13

▶た行

大英博物館　20
第三セクター方式　98
田中芳男　36
棚橋源太郎　4, 37
地域学　119
地域形成　115
地域史研究　111
地域資料　112
地域振興　117
地域博物館　102
地域博物館論　99
地域文化　98
地域文書館　104
小さな博物館運動　118
知識創造博物館　90
デジタルミュージアム　133
出前授業　105
展示解説ボランティア　107
電子博物館　133
電脳博物館　133
ドイツ博物館　28
東京国立博物館　36
東京都美術館　37
登録博物館（「博物館の登録」も参照）
　　13, 43
友の会制度（フレンド制度）　30

▶な行

ナショナル・ギャラリー　32
日本博物館協会　51, 87, 123
ニューヨーク近代美術館　32

▶は行

博学融合　134
博学連携　134
博物館外活動（アウトリーチ活動）
　　134
博物館学　4
博物館協会　30
博物館協議会　57
博物館経営　89
博物館相当施設　13, 43
『博物館体験：学芸員のための視点』
　　124
博物館島　27
博物館の政治性　94
博物館の登録（「登録博物館」も参照）
　　57
『博物館の望ましい姿―市民とともに創る新時代博物館』　128
博物館法　3, 39, 40, 65
博物館法施行規則　41
博物館法施行令　41
博物館利用者　121
博物館類似施設　14, 43
パラティナ美術館　23
万国博覧会　27
ビクトリア・アンド・アルバート美術館
　　27
被災資料救出活動　115
ピナコテーカ　21
「評価者」としての利用者　135
フィールドワーク　106
フォーラムとしての博物館　96
物産学　35
ふるさと体験　108
ブルックリン植物園　33
文化芸術振興基本法　50

文化財保護　115
文化財保護法　53
ボーデ美術館　27
ボストン美術館　32
ボランティア　81, 150, 151
本草学　35

▶ま行

埋蔵文化財　115
町ぐるみ博物館　119
町づくり　117
マンチェスター博物館　32
ミュージアムショップ　78
民俗資料　112
ムセイオン　20
メトロポリタン美術館　32

メンバーシップ　30
文部省博物館　36

▶や・ら行

ユネスコ　63
来館者（入館者）　122
ラングラン（Lengrand, P.）　139
ルーヴル美術館　20
ルーヴル美術館大学　30
ルネサンス　22
歴史意識　111
歴史資料　103
歴史的建造物　117
歴史の復元　110
ロンドン動物園　28
ロンドンの科学博物館　28

[シリーズ監修者]
大堀　哲（おおほり・さとし）　　長崎歴史文化博物館館長
　　　　　　　　　　　　　　　　日本ミュージアム・マネージメント学会会長

[編集責任者]
鈴木　眞理（すずき・まこと）　　青山学院大学教育人間科学部教授

[執筆者]（五十音順）
占部浩一郎（うらべ・こういちろう）　経済産業省調査統計部長
　　　　　　　　　　　　　　　　　　元文部省生涯学習局社会教育課地域学習活動推進室長
大堀　哲　　　　　　　　　　　　　シリーズ監修者
貝塚　健　（かいづか・つよし）　　石橋財団ブリヂストン美術館学芸員
久保内加菜（くぼうち・かな）　　　鎌倉女子大学准教授
鈴木眞理　　　　　　　　　　　　　編集責任者
柘植信行（つげ・のぶゆき）　　　　品川区立品川博物館副館長
濱田隆士（はまだ・たかし）　　　　福井恐竜博物館館長，東京大学名誉教授
南　博史（みなみ・ひろし）　　　　京都府京都文化博物館主任学芸員
山本珠美（やまもと・たまみ）　　　香川大学生涯学習教育研究センター准教授

博物館学シリーズ1
改訂 博物館概論

1999年9月16日　初版発行
2004年4月5日　改訂第1刷
2013年12月16日　改訂第7刷

検印廃止

著者代表© 鈴木　眞理
発 行 者　大塚　栄一

発行所　株式会社 樹村房
　　　　　　　　JUSONBO

〒112-0002　東京都文京区小石川5丁目11番7号
　　　　　　電　話　東　京　(03) 3868-7321(代)
　　　　　　Ｆ Ａ Ｘ　東　京　(03) 6801-5202
　　　　　　http://www.jusonbo.co.jp/
　　　　　　振　替　口　座　00190-3-93169

製版印刷・亜細亜印刷／製本・愛千製本所

ISBN978-4-88367-106-9
乱丁・落丁本はお取り替えいたします。